내 삶을
바꾸는 비밀
하루

내 삶을 바꾸는 비밀

하루

오리슨. S. 마든 지음 | 김연희 옮김

인생, 또 하나의 나를 위하여

뜻이있는사람들

반복되는

일상에서 무기력하지 않는,

하루를 행복하게 이끄는,

건강한 삶을 살아야 한다.

먼저 당신 내면의 '재산'에 눈을 떠라

진정한 즐거움, 진정한 '삶의 기쁨'을 알고 있는가?

지금 한 경매장에 있다고 가정해 보자. 그리고 이 경매에 나온 것이 가구도 아니고, 책도 아니고, 골동품이나 보석도 아닌 사람의 생명이라면 당신은 어떻게 생각하는가?

한 남자가 앞으로 나서 이렇게 말한다.

"명성과 맞바꾼다면 내 인생에서 최고로 좋은 시간 20년분, 백만 달러와 교환한다면 15년분을 팔겠소."

다른 남자가 나섰다.

"내 인생의 10년은 현금으로 치면 얼마가 되나요?"

이러한 경매는 실제로 우리 주변에 곳곳에서 행해지고 있다. 개중에는 돈을 위해 인생뿐만이 아니라 영혼까지 팔아버리려는 사람까지 있다.

당신은 본인 인생의 5년, 10년, 혹은 15년을 무엇과 바꾼다면 팔 것인가?

"뭐라고? 그런 말도 안 되는 소리를. 아무리 많은 돈을 준다고 해도 그런 건 팔 수 있는 게 아니잖아!"라고 할지도 모른다. 그러나 실제로 수많은 사람이 그렇게 하고 있다. 좀 더 많은 부를 축적하기 위해, 좀 더 많은 명예를 거머쥐기 위해 인생의 절대 짧지 않은 시간 일부를 떼어내 팔고 있다. 자신의 살아 있는 피, 에너지, 뇌, 신경, 온갖 것들을 돈과 바꾸고 있다.

그로 인해 자연이 '경영'하고 있는 은행 계좌는 이미 한도를 초과하여 은행은 담보물을 경매 처분하려고 생각하고 있다.

지금까지는 초과한 것, 다시 말해 지나친 과로와 무리를 봐줄지도 모르지만 언젠가 그 빚은 반드시 갚아야만 한다. 마지막 남은 최후의 피 한 방울까지 쥐어짜 내더라도 말이다. 그렇게 담보는 경매 처분되어 파멸에 이르게 되지만 정작 본인은 그것이 자신의 정해진 수명이라고 여길지도 모른다.

자연은 당신을 최대한 오래 살 수 있도록 해 줄 생각이었다. 그런데 당신은 다른 사람들처럼 대가를 노리고 자신의 생명을 팔아치웠다. 평가와 권력을 위해, 혹은 더 많은 부의 축적을 위해, 가장 큰 사냥감을 손에 넣기 위해, 이기적인 목적을 위해 모든 것을 팔아치웠다.

어째서 그런 짓을 그만두고 진정한 삶을 살려 하지 않는가? 지금까지의 당신은 그저 그곳에 존재하고 있었을 뿐 진정한 삶을 살았다고는 할 수 없다.

초조해 하고 짜증을 내며 신경을 곤두세우는 것, 건강을 해치는 생활 습관, 건강의 규칙에 반하는 행동, 이러한 모든 것 때문에 당신은 자신의 인생을 하나하나 팔아왔다.

그렇게 해서 이윤은 남길 수 있었는가? 그렇게 성대한 향연을 벌여 손해를 보지는 않았는가? 돈이나 물건들은 조금 부족하더라도 장수를 하면서 인생을 즐기며 여유로운 삶을 누리는 것이 훨씬 바람직하다고 여기지 않는가?

너무도 많은 사람이 이런저런 고민을 하며 울적한 마음으로 일과 걱정거리와 실망감을 잠자리에까지 연장해 생명을 단축하고 있다. 그런 상태로는 몸과 뇌를 쉬게 하여 기력을 회복시켜줄 수가 없다. 새로운 활력이 솟아나지 않는다면 절대로 다음 날 아침에 상쾌하게 일어나 큰일을 처리할 수가 없다.

하루의 일과를 마치고 집으로 돌아오면 자연이 선물한 수면이라는 훌륭한 마취제를 통해 육체를 재정비하고 피로를 풀어 활력을 되찾아야만 한다. 그런데도 종일 자신을 괴롭히고 초조하게 만들었던 장본인을 집까지 끌고 들어와 내버려두는 것이 과연 현명한 것일까? 그럴 생각이라면 가장 비싼 값을 치러줄 사람에게 생명을 팔아넘기고 깨끗하게 인생을 정리해 버리는 것이 나을지도 모른다.

마음가짐이 당신의 인생을 결정한다!

어떤 것이든 최근의 습관이 그것에 대하여 많은 것을 말해주는 것과 마찬가지로 건강 또한 그렇다. 건강이란 몸의 균형을 유지하는 습관, 몸에 좋은 행동을 하는 습관이다.

"병약한 부모로부터 물려받아 유전적으로 나약한 체질은 어쩔 수 없으므로 나는 절대로 건강해질 수 없다."라고 생각한다면, 그러한 사고방식이야말로 건강에 가장 좋지 않다. 항상 병에 걸리지 않을까 두려워하면서 진취적인 삶을 살아갈 활력을 잃고 우울한 나날들을 보낼 것이기 때문이다.

완전히 건강한 자신의 모습을 마음속으로 묘사할 수 없다면 건강하고 씩씩한 사람이 될 수 없다. 건강 상태는 그 사람이 생각하고 있는 것, 마음가짐이 눈에 보이는 형태로 겉으로 드러나기 때문이다.

우리는 신이 우리에게 주신 힘을 충분히 발휘하기 위해 그 껍데기인 자신의 육체를 소중하게 다뤄야만 한다. 실제로 이 육체는 '진정한 나'가 살 수 있는 세상에서 유일한 집이기 때문에 모든 사람이 과학적인 지식을 근거로 하여 소중하게 다뤄야 한다고 여길 것이다. 왜냐하면, 우리의 운명은 모두 신에 의해 만들어졌고, 신에 의해 생명이 불어넣어 진 이성스러운 신전을 어떻게 다루는가에 달려 있기 때문이다.

이렇듯 훌륭한 선물을 냉정하고 허투루 다뤄도 된다고는 생각할 수 없다. 이것은 값을 매길 수 없을 정도로 귀중한 재산이며 신으로부터 부여받은 온갖 가능성을 활용한다면 신과 동등한 높이에 오를 수 있는 귀중한 것이다. 이렇게 귀중한 것을 허투루 다루는 것이 용납될 리가 없다.

그러나 실제로 그러한 행위들이 벌어지고 있다. 그러므로 실제로 많은 사람이 더 오래 살 수 있는 인생을 절반밖에 살지 못하는 것이다. 자신의 태만 때문에 살아야 할 집을 엉망으로 만들고 있다.

인간의 육체는 신성한 것임에도 불구하고 너무나 함부로 취급하고 있다. 상처조차 치료하려 하지 않는다. 수십억 개의 뇌세포와 신경세포에 충분한 영향을 주고 있지 않다. 끊임없이 영양부족 상태로 이 세포들을 혹사하고 있거나, 아니면 육체에 위해와 고통을 필요 이상으로 가하고 있다.

또한, 육체의 훌륭한 동력이기도 하기 때문에 그 연료로서 우리는 여러 가지 것들을 먹는다. 그러나 그중에는 상성이 나빠 서로 힘을 빼앗아 버리는 것, 다시 말해 음식의 상성이 좋지 않은 것이 있고 그로 인해 건강을 해치는 일도 있다. 그럴 때 우리는 몸에 좋지 않은 약이나 여러 가지 자극제를 통해 건강상태를 회복하려 한다.

그러나 올바른 사고방식과 올바른 식생활과 적당한 운동으로 이 훌륭한 엔진의 상태를 항상 정비해두기만 한다면 모든 질환과 불행과 실패를 예견하여 막을 수 있고, 건강과 행복과 성공을 믿는다면 우리는 더 오래 장수할 수 있다. 그리고 신이 우리에게 선물하고자 하는 바로 그 인생을 즐길 수가 있다.

인간 본래의 생활을 되찾자. 복잡하고 신경을 곤두서게 하는 생활습관을 버리자. 등심초(등불을 만드는 심지)의 촛불과 역마차 시대로 돌아가라고 주장하고 있는 것이 아니다. 단순하고 여유로웠던 조상들의 삶을 반드시 배우기를 바란다.

밤샘과 늦잠을 자는 생활을 버리자. 과식과 과음을 삼가자. 특히 불규칙한 시간에 먹는 것을 금지하자. 이웃에게 지지 않으려 혈안이 되는 것을 삼가자. 2, 3일 분의 일을 하루에 처리하려 하여 머리와 신경을 극도로 혹사하지 말자. 고민거리를 집까지 가지고 돌아오지 말자.

신이 선물한 신선한 대자연 속으로 자주 나가 걸으며 좀 더 몸을 많이 움직이자. 흥분제나 마약, 수면제, 술, 커피와 같이 인공적으로 과도한 자극을 하지 말자.

열심히 일하는 것은 좋지만 삶 자체를 잊어서는 안 된다. 노는 시간도 소중히 여기자. '건강한 육체에서 건강한 정신이'라는 높은 이상을 지향하자.

건강을 실천하고, 건강을 이야기하고, 건강을 생각하자. 앞으로 건강할 수 있는지를 결정하는 것은 마음가짐에 달렸지 약에 의해서가 아니다. 앞으로의 의사들은 환자의 몸 상태가 아니라 마음을 진료하고 진단을 내리게 될 것이다. 환자는 아마도 이런 질문을 받고 이렇게 대답할 것이다.

"최근에 어떤 것에 대하여 생각하였나요? 뭔가 신경이 쓰이는 일이 있나요? 불안한 일이나 신경이 쓰이는 일, 가정이나 직장에서 고민거리는 어떤가요? 기력을 잃게 하는 뭔가를 생각하고 있지 않나요? 병에 걸리면 어떡할지 고민하면서 체세포에 악영향을 주고 있지는 않나요?

원인은 정신적인 것으로 아마도 잠재의식 때문인 것 같습니다. 우선 문제를 어떻게든 해결해야 합니다. 겉으로 드러나는 증상은 병의 원인이 아니라 결과입니다. 그래서 아무리 증상이 좋아졌다고 해도 소용이 없습니다. 문제의 원인을 제거해야 합니다. 원인은 정신적입니다.

당신의 마음속에는 있어서는 안 될 것이 있습니다. 마음의 혼란이 육체적 문제를 일으키고 있는 것입니다."

앞으로의 의사는 체내의 온갖 기관과 조직을 형성하고 있는 작은 세포를 향해 당신이 어떤 말을 속삭여 왔는지를 알고 싶어 할 것이다. 왜냐하면, 세포가 불쾌한 충격 전류만을 받게 된다면 몸 전체의 상태에 이상이 생기기 때문이다. 다시 말해 이것이 바로 문제의 원인인 것이다.

하루는 당신의 일생에서 대단히 중요한 날이다. 따라서 건강한 몸을 만들지 않고서는 잘 살 수가 없다. 부디 신이 주신 자신감으로 소망을 이루며 행복을 이어갔으면 하는 바람이다. 오래 살았느냐가 아니라 잘 살았는가가 중요하다는 사실을 염두에 두었으면 한다. 삶의 질을 최상의 몸 상태로 자신의 꿈을 설계하고 도전해 나간다면 세상에 못 이룰 꿈이 없을 것이라 확신한다.

c o n t e n t s

prologue

먼저 당신 내면의 '재산'에 눈을 떠라 　 ＊ 7

CHAPTER 1

지치지 않는 현명한 삶의 방식

'피곤하다'고 한숨을 내쉬게 되는 까닭 　 ＊ 21

신경이 고조된 상태에서 바람직한 인생은 바랄 수 없다 　 ＊ 24

'독'도 '약'도 우리의 몸에서 만들어진다 　 ＊ 29

어떤 피로라도 치유해 주는 최고의 비법 　 ＊ 33

'증기 배출'이 되는 삶을 살고 있는가? 　 ＊ 36

고통의 '한계 신호', 경고를 무시하고 있지 않은가? * 38

신경은 '적'이 아니라 최고의 '친구'이다 * 43

자신의 육체가 '파업'을 단행하지 못하게 하려면 * 45

마음은 육체보다 빨리 타버린다 * 49

왜 심부름꾼 탓을 하는가? * 52

CHAPTER 2

능력을 잠재우지 않는 '몸과 마음'의 대원칙

습관은 신경에 어떤 영향을 끼칠까? * 59

신경은 습관을 만들고 습관은 인생을 만든다 * 61

누구나 원하는 '만병통치약'의 이름 * 65

운동 부족은 뇌에도 '군살'이 찌게 한다 * 68

'걸어야지'라고 생각하지 말고 걷는 것, 그것이 건강의 첫걸음이다 * 70

기분전환을 하지 않는 사람이 치러야 할 값비싼 '대가'는? * 74

재능의 '꽃'이 피는 것은 건강한 '대지'에서다 * 77

자신의 두뇌를 최대로 활용하기 위한 '네 가지 법칙' * 79

자신감을 잃었을 때야말로 자신을 믿어야 할 때 * 82

당신은 '또 하나의 나'를 알고 있는가? * 85

무엇을 먹느냐에 따라 당신의 인생이 보인다 * 89

마음에 좋은 것과 몸에 좋은 것, 이 두 종류의 영양을! * 92

CHAPTER 3

좀 더 활기차게 인생을 보내자

성공하기 위한 최대의 조건은 '의욕'이다 * 97

승리의 여신은 '겁쟁이'를 싫어한다 * 100

가장 섬세하고 가장 튼튼한 '부품'의 활용법 * 105

시간을 쫓는 사람은 시간에 쫓긴다 * 109

서두르기만 하면 '중요한 일'을 깨닫지 못한다 * 111

'오후의 슬럼프'는 왜 생기는 걸까? * 116

잠재된 자신의 뛰어난 자질을 끌어내기 위해 * 118

지성과 상상력의 피로를 풀어주기 위해 * 122

인생의 휴식, 뇌세포를 자극해 주는 치유의 시간 * 126

'능력'은 '뇌력(腦力)'을 말한다 * 131

'오전의 재능'은 '오후의 노력'보다 뛰어나다 * 133

'단거리 주법'으로 '장거리 달리기'를 해서는 안 된다 * 137

'작은 노력'을 하지 않는 사람에게 '큰 성공'은 찾아오지 않는다 * 144

젊은 나이에 큰 성공을 거둔 사업가의 '아침의 결심' * 148

CHAPTER 4

자기 내면의 '이상적인 나'가 지금 눈을 뜬다!

스스로 자신을 속여서는 안 된다 * 155

절대 배신하지 않고 손해 보지 않는 보험이란?　*　158

'자신감' 은 최고의 효과, 최고의 자양강장제　*　163

'되고 싶은 자신' 을 믿지 않는 사람은 아무도 믿지 못한다　*　165

이 두 가지 '열쇠' 가 성공의 '문' 을 활짝 열어준다　*　169

'현명한 삶의 방식' 속에서 연상한 피로를 푸는 방법　*　173

한 번에 들이마시는 공기는 공장을 움직일 만큼의 에너지가 된다　*　177

매일 아침 눈을 뜰 때마다 다시 태어난다　*　180

열심히 사는 사람은 열심히 잔다　*　183

마음의 짐을 내려놓고 편안한 꿈을 꾸기 위해!　*　186

'건강의 비결' 은 이 사고방식에 있다　*　192

인간은 마음 때문에 감기에 걸린다!　*　194

병은 '병을 두려워하지 않는' 사람을 멀리한다　*　198

'불행의 유전' 이라는 것에 휘둘리고 있는 건 아닌가?　*　202

믿는 것은 현실이 되고, 생각했던 것은 사실이 된다　*　205

CHAPTER 5

인생의 리더십을 내 손에

가지지 않은 즐거움, 가지고 있는 괴로움　*　211

'인격' 은 영원히 당신을 배신하지 않는 '평생의 벗'　*　214

행복감은 '만족할 줄 아는' 사람의 마음에만 싹튼다　*　218

화는 반드시 자신에게로 돌아온다　*　222

화, 폭발은 순간이지만 잃어버린 것은 다시 돌아오지 않는다 * 225

병, 불행, 실패로부터 자신을 지키는 방법 * 228

마음을 단련시키면 '긍정' 이라는 근육이 생긴다 * 232

슬픔을 내버려 두는 것은 가장 어리석은 짓이다 * 235

'희망' 은 성공의 씨앗, '낙관' 은 성공의 벗 * 239

당신의 등을 밀어주는 것은 '의지' 이다 * 243

CHAPTER 1

지치지 않는
현명한 삶의 방식

'피곤하다' 고 한숨을 내쉬게 되는 까닭

우리가 '피곤하다' 고 할 때는 어떤 이유에서 그렇게 말하는 것일까? 전문가는 이것을 '내분비의 피로' 라고 부르지만 평범한 사람은 그것이 어떤 의미인지 알 수가 없다.

왠지 모르게 몸이 쳐지고 더 이상 아무것도 하고 싶지 않고 앉아서 쉬고 싶다는 생각이 들 때가 있다. 그것은 몸의 특정 부분이 지나치게 긴장하였거나 과도하게 이용하였다는 증거이기 때문에 조금만 쉬어도 금방 회복할 수 있다. 육체의 피로, 예를 들어 톱질하여 나무를 베는 것과 같이 평소에 하지 않던 작업을 잠시 했을 때가 그렇다.

이런 작업을 지속하다 보면 팔 전체와 어깨가 뻐근해지다가 다음 날에는 근육통으로 고생하는 일이 자주 있다. 그러나 이러한 통증은 헛된 것이 아니다. 흔히 근육통을 느끼면 그곳의 근육이 발달한다고 하니 그만큼 건강해졌다고 할 수 있다.

그러나 신경의 피로는 그렇지가 않다. 신경은 조금 쉬었다고 해서 피로가 풀리기는커녕 더욱 심해진다.

왜냐하면, 피로에는 근육적인 것(근육의 피로)과 정신적인 것(신경의 피로) 두 가지 종류가 있기 때문이다. 근육의 피로는 단순한 화학반응의 문제이다. 근육이 피로하다는 것은 근육이나 혈액 속에 노폐물이 쌓인 것으로 이 노폐물이란 난로 속의 공기 순환이 좋지 않아 불길이 잘 일어나지 않게 하는 재와 같은 것이다.

연료에 불을 지피면 그 속에 포함되어 있던 탄소가 방출된다. 타오르는 불꽃 속에서 탄소가 공기 중의 산소와 결합하면 이산화탄소와 재가 발생한다. 이와 마찬가지로 우리는 음식을 연료로 하여 몸을 움직이고 글리코겐에서 탄소를 얻는다. 글리코겐은 근육 속에 에너지로 축적되어 필요할 때에 언제라도 사용할 수 있게 되어 있다.

근육을 움직이면 연료를 태울 때와 같은 화학반응이 일어난다. 글리코겐에 포함된 탄소는 폐 속에 산소와 접촉하여 이산화탄소를 발생시키고 호흡을 통해 배출된다. 그리고 그 잔류물인 '재'는 폐, 신장, 위, 장, 피부와 같은 배출기관을 통해 체외로 배출된다. 예를 들어 몸을 움직여 일하면 땀이 나오는데, 이것은 피부에 급속도로 축적되었던 배출물이 젖어서 나오는 것이다.

또한, 기계가 마찰하면 금속 파편이 나오듯이 쉬지 않고 계속 일을 하다보면 죽은 조직의 파편이 체내에 축적되었다가 피로라고 하는 감각을 일으킨다. 화학분석의 결과 이 물질이 해로운 것이라는 사실은 잘 알려졌지만 건강한 육체라면 전혀 문제가 되지 않는다. 근육을 쉬게 해 주면 그 물질은 체외로 배출되기 때문이다.

　그러나 정신적인 피로의 경우에는 그렇게 단순하지가 않다. 그 영향은 하나의 근육, 혹은 한 곳의 근육에 그치지 않고 몸 전체에 영향을 끼친다. 정신은 서로 영향을 주고받으면서 작용해 모든 신경이 '같은 조직에 소속되어 있는' 것과 같기 때문이다.

　전신(電信)에 비유되며, 이 시스템에 의해 정보를 순식간에 몸 전체에 전달된다. 각 기관은 그 신호를 통해 현재는 몸의 극히 일부에서만 영향을 끼치나 머지않아 다른 기관들에도 영향을 끼치게 되어 견디기 힘든 긴장감과 불리한 상황이 일어난다.

Making Friends With Our Nerves

신경이 고조된 상태에서
바람직한 인생은 바랄 수 없다.

존이라는 남자가 눈을 혹사하고 있다고 가정해 보자. 원인은 도수가 맞지 않는 안경을 쓰고 있거나, 조명이 너무 어둡거나, 혹은 장시간 눈을 혹사했기 때문일 것이다. 시신경이 그 사실을 최초로 '보고'하면 모든 신경절이 그 문제에 주목한다. 아마도 두 번 정도의 '보고'로는 경고신호를 보내지 않을 것이다. 그러는 동안에도 존의 눈은 여전히 혹사를 당하고 있고 시신경뿐만이 아니라 다른 모든 신경까지 반발하기 시작한다.

위를 지배하고 있는 신경절이 영향을 받아 소화불량을 일으키면 존은 구역질과 두통으로 괴로워하면서 회사에서 집으로 돌아오게 된다. 그러면 존은 뭔가 잘못 먹은 게 아닐까 생각할 것이다.

그러나 그의 신경은 그 원인을 잘 알고 있기 때문에 침실을 어둡게 하고 침대에 누우라고 명령을 한다. 덕분에 그의 눈은 12시간의 혹사에서 완전한 휴식을 취할 수가 있고, 존은 최근 한 달 동안 맛보지 못했던 상쾌한 기분으로 회사에 출근한다.

그런데 존은 그저 "최근 피로가 쌓였기 때문이군."이라고 생각하며 생활을 바꾸지 않은 채 또다시 눈을 혹사한다. 그러면 그의 몸속에 있는 신경들이 안정을 유지하지 못하여 화를 잘 내고 불안정한 상태가 되어 식욕이 떨어지면서 지병도 생기게 된다.

조금만 주의를 기울이면 몸의 면역력을 높일 수 있는데도 해마다 겨울이 되면 감기와 같은 병 때문에 너무나 많은 사람들이 죽고 있다. 이런 사람들은 앞에서 말한 존처럼 몸 일부에서 그치지 않고 거의 몸 전체에 끊임없는 고통으로 학대하고 있는 것이다. 그래 놓고서 어째서 자신의 신경이 엉망인지, 어째서 자신이 활력이 부족한 것인지 의아해 하며 고개를 갸우뚱거린다.

매일 아침 교외의 자택에서 가장 가까운 역까지 차로 이동해 열차로 갈아타고 도심으로 출근하는 회사원 중에는 열차에 타자마자 흡연석으로 가서 자욱한 담배 연기 속에서 브리지 게임을 한다. 페리로 갈아타서 허드슨 강을 건널 때도 흡연실로 들어가 풍요롭게 펼쳐진 강이 생명의 원천인 산소로 가득 넘쳐흐르고 있다는 것에는 전혀 관심도 없다. 페리에서 내려 직장까지의 거리가 얼마 되지 않지만, 또다시 지하철로 갈아타고 직장에 도착하자마자 책상 옆 창문을 닫고 담배에 불을 붙인다. 재떨이에는 담배꽁초가 점점 쌓여만 간다. 점심 먹으러 가서는 코스 요리를 주문하고 후식으로 페이스트리를 먹는다. 업무가 끝나 집으로 돌아갈 때도 아침과 마찬가지로 흡연석에 앉아 다시 브리지 게임을 한다. 정원

손질이나 집안 수리 등은 모두 다 남에게 부탁한다.

때문에 그는 자주 천식 발작을 일으키거나 감기에 걸려 있다. 언제 뇌졸중을 일으킨다고 해도 이상할 것이 없다. 이것은 마치 자살을 하기 위해 독약을 먹는 것과 다를 것이 없다.

이 남성의 신경이 어떤 상태인지 잠시 상상해 보자. 그의 신경절 중에 정상적으로 기능하고 있는 곳은 한 곳도 없을 것이다. 모든 신경절이 과로와 지나친 자극에다 충분한 에너지를 보급받지 못하고 있다. 필요한 것은 '간소한 생활'이라는 약뿐이다.

민간 요양소는 안정요법을 받기 위해 찾아오는 부자들로 넘치고 있다. 그곳에서 그들은 신선한 공기, 적당한 운동, 소박한 식사, 수면제를 먹지 않는 숙면, 규칙적인 생활 등 집에서도 얼마든지 할 수 있는 것들을 한다. 모든 것이 너무도 간단한 일이기 때문에 강제적으로 시키지 않으면 아무도 하려 하지 않는다. 부자들은 일부러 그곳으로 가서 타인에게 돈을 지급하면서까지 도움을 받고 있다.

신경이 지치지 않는다면 다른 곳이 당하고 말리라는 것은 누구라도 쉽게 알 수 있다. 문명이라 불리는 것은 살아가면서 겪는 많은 곤란한 상황을 개선해 준다. 그 때문에 병을 줄이는데도 크게 공헌을 하고 있지만, 실제로는 고도의 문명 덕분에 극복한 병이 있는가 하면 문명이 만들어낸 병도 있다.

신장병, 그리고 간과 장과 뇌 질환은 문명병이라 할 수 있다. 이러한 병의 대부분은 온갖 섭생의 부조화 중에서도 특히 과도한 긴장상태와 영양 과다, 미식, 강한 술, 밤샘 때문에 발생한다. 부, 다시 말해 사치스러운 생활이 온갖 질환을 일으키고 있다.

신장만큼 혹독한 취급을 당하며 혹사당하고 있는 기관은 없다. 신장은 깨지기 쉬운 장치이면서도 음식물에서 발생하는 유독물질의 90%를 걸러준다. 향이 진한 향신료가 많이 사용된 요리를 먹을 때마다 우리는 신장을 혹사하고 있는 것이다. 예를 들어 위와 같은 기관은 자극을 받을 때마다 반발하여 통증이라는 신호를 보내준다. 그러나 신장은 아무런 신호도 보내주지 않는 경우가 많으므로 생명에 위독한 병이 조용히 진행되고 있는 경우도 있다.

가장 위험한 문명병 중의 하나인 신장병에 의한 사망률은 최근 10년 동안에 급격하게 늘어났다. 부유한 시민들이 많은 뉴욕 근교의 어느 도시에서는 100배나 증가했다.

예민한 신장 조직의 쇠퇴는 주인에게 아무런 신호나 경고도 보내지 않은 채 천천히 진행되는 경우가 많은데, 그것은 단순히 신경이 치통처럼 알기 쉬운 경고를 보내지 않기 때문이다. 신장 검사를 두려워하는 사람이 많지만, 신장병 대부분은 초기에 발견하기만 하면 완치를 할 수 있거나, 혹은 올바른 식습관과 생활습관만으로도 병의 진행을 많이 늦출 수 있다.

대형 생명보험회사에서는 보험 계약자에게 해마다 한 번은 건강진단을 받도록 권하고 있다. 과거의 경험을 토대로 빨리 손을 쓰면 많은 신체의 부조화가 큰 병으로 발전되는 것을 미리 방지할 수 있다는 것, 다시 말해 생명을 연장할 수 있다는 것을 알고 있기 때문이다.

그러나 우리는 단지 오래 살기만을 구구히 바라고 있는 것이 아니다.

당연히 살아 있는 동안 인생을 즐기고도 싶고, 훌륭한 일을 하고 싶다고 여길 것이다. 그러나 참을 수 없을 만큼 신경이 곤두서 있는 상태라면 그런 인생은 결코 바랄 수 없다.

'독' 도 '약' 도 우리의 몸에서 만들어진다

우리는 '독'이라고 하면 뭔가 싫고 피해야 하는 것으로 여긴다. 독에는 즉효성이 있는 것과 조금씩 천천히 효력을 발휘하는 두 종류가 있다. 둘 다 위험하기 짝이 없지만, 후자의 것이 더 교활하므로 방심은 금물이다. 나는 그중에 대표적인 것으로 피로라는 독을 들고 싶다.

문제는 피로에 지친 신경이다. 나는 정말로 매력적인 사람들을 몇 명 알고 있다. 그 사람들도 몸에 피로라는 독이 퍼지거나 정신적으로 피곤하고 시간에 쫓기다 보면 매력은 순식간에 사라져버리고 만다. 확실하게 휴식을 취하며 자연의 힘이 몸의 기운을 정돈해주고 있을 때는 그 매력을 잃지 않고 유지한다.

피로라는 독이 퍼지게 되면 친숙함이 사라지고 거리감이 느껴지는 인간이 되는지, 그리고 쉽게 화를 내는지를 본인은 잘 알지 못한다. 견디기 힘들 만큼 지쳐 있으면 거래나 업무가 마음먹은 대로 풀리지 않는다. 때문에 직장에서는 어떻게든 참을 수 있지만, 집에 돌아오면 마음을 억제하지 못한다.

"집에서는 내 맘대로 할 거야. 내가 다 벌어 먹이고 있으니 아무도 군소리를 못 할 거야."

신경이 지치게 되면 누구라도 자신의 결점과 약점을 드러내고 만다. 피곤함에 지치면 몸 상태가 좋을 때는 상상조차 할 수 없는 일을 저질러 남들에게 "왜 골이 나 있느냐?"는 소리를 듣는다. 골이 나 있는 것은 신경이 지친 상태, 다시 말해 피로라는 독 때문에 일시적으로 마음의 균형이 무너졌기 때문으로 평소 같으면 남에게 보이지 않을 가장 약한 부분이 겉으로 드러났기 때문이다.

사실 피로에 지쳤거나 병이 든 신경의 가장 큰 피해자는 가족이다. 대단히 많은 가족이 비참한 상황에 부닥쳐 있는데, 그 원인은 가정을 둘러싼 환경 변화가 거의 없는 단조로운 생활 때문이다. 인간은 빵만으로 사는 것이 아니다. 단조로운 생활만으로도 아무렇지 않게 살 수 있는 사람은 없다고 해도 과언이 아니다.

오랜 세월 지옥과도 같은 상황에 처해있던 자매가 있었다. 이 자매 사이에서는 싸움이 끊이지 않아 서로 헐뜯고 욕을 하였다. 언제 끝날지 모르는 말싸움 때문에 참지 못한 이웃이 이사할 정도였다. 그러던 어느 날, 자매가 상당히 멀리 떨어진 지방으로 이사하여 새로운 환경에서 살게 되었다. 그리고 이사는 그녀들에게 기적을 선물해 주었다.

약 25년 동안 거의 변화가 없는 단조로운 생활 때문에 자매의 신경은 완전히 지쳐 있었다. 그러나 이사를 계기로 마법처럼 그녀들의 성격이 확 바뀌게 되었다. 새로운 지방으로 이사한 덕분에 지금까지와는 전혀 다른 각도에서 인생을 바라볼 수 있게 된 것이다.

장기 휴가를 얻어 여유를 즐기거나, 해외여행을 즐기거나, 이사를 하는 등의 계기로 가정 내의 어수선한 분쟁이 해결되거나 이혼의 위험을 이겨내는 경우가 적지 않다.

일상의 생활에 변화가 전혀 없어 가족 간에 갈등이 생기고 가정이 붕괴의 위험에 처해 있다는 사실에 대하여 대부분 남자들은 깨닫지 못하고 있다.

"아내가 결혼하고 나서 사람이 변한 것 같다. 심하게 풀이 죽어서 우울해 하고 있다."

나는 젊은 남자가 이렇게 말하는 것을 몇 번인가 들은 적이 있다. 그러나 원인은 남편에게 있을지도 모른다.

아마도 아내들은 밝고 기쁨이 넘치는 가정에서 자랐을 것이다. 어쩌면 결혼 전에는 무언가를 걱정하거나 고민하는 일이 거의 없이 변화가 풍부한 생활을 하였을지도 모른다. 그런데 결혼을 하자마자 새 가정에 갇힌 채로 친분이 있던 사람들과 멀어진 채 단조로운 집안일에 얽매여 있는 것이다.

이러한 생활의 변화가 그녀들의 성격과 인품에 큰 변화를 일으켰다고 해서 전혀 의아할 것이 없다. 수많은 젊은 아내들이 희망을 완전히 잃은 채 어둡고 비관적으로 변하였지만, 남편들은 그것을 전혀 이해하지 못하기 때문에 서서히 기분과 낯빛이 어두워지는 것은 당연한 일이다.

그러므로 아내의 애정을 잃고 싶지 않거나, 아내에게 언제까지나 젊고 활기차고 행복하기를 바란다면 아내의 생활에 작은 변화를 주어 외출과 휴식의 기회를 많이 만들어 주어야 한다. 아내에게는 즐거움이 필요하다. 환경의 변화가 필요한 것이다.

본인이 일반적인 아내들과 똑같은 생활을 하는 것을 상상해 보면 좋을 것이다. 아마도 단조로운 생활에 견디지 못하고 반년 만에 정신병원으로 가게 될 것이다.

자신의 생활과 일이 아내의 생활보다 천 배는 더 변화무쌍하다는 것을 잊어서는 안 된다. 당신은 누군가와 만날 기회도 많고 업무에 대한 성공이라는 성취감을 얻어 자신감을 키울 기회도 많다.

어떤 피로라도 치유해 주는 최고의 비법

평소에 느끼는 피로와 견디기 힘든 긴장감에 의한 피로는 같은 것이 아니다.

희한하게도 인간은 자신이 좋아하는 일과 흥미를 느끼는 일에 열중하고 있는 편이 싫어하는 일보다 더 많이 할 수 있다. 어째서 온 힘을 기울여 자신이 해야 할 일을 받아들이고자 하는 생각이 들지 않으면 일에 전념하지 못한 채 쉽게 지치고 의욕을 잃고 마는 것일까?

또한, 장래에 대한 희망이 없는 단조로운 일도 쉽게 지치고 의욕을 잃게 한다. 왜냐하면, 항상 근육 같은 신경만을 써야 하기 때문이다.

일이 즐거워 집중하고 있을 때는 피로감이 덜하거나, 피로를 느끼는 시기를 늦춰주는 물질이 뇌와 신경계 속에서 방출되고 있는 것 같은 느낌까지 든다. 이러한 일은 마치 놀이처럼 느껴진다. 심신이 모두 편안함을 느끼고 피로가 치유되어 새로운 활력이 넘친다.

또한, 우리는 기분전환을 함으로써 피로를 치유할 수가 있다. 피로에 지쳐 집으로 돌아왔을 때 어릴 적 친구나 동창생과 같은 친한 사람이 기다리고 있는 것을 보고 그러한 것을 몸소 체험할 수 있다. 옛날이야기를 하며 즐겁게 웃다 보면 자신도 모르는 사이에 피곤함은 어디론가 날아가 버린다.

아이들과 함께 뛰며 노는 것도 피로회복에 도움이 된다. 또한, 연극이나 오페라 감상처럼 감수성을 자극하는 오락도 기분전환에 효과가 있다.

아이들은 하루 종일 뛰어놀고도 허락만 한다면 밤늦도록 또 논다. 잠잘 시간이 되어 집에 들어가야 하지만 여전히 놀이를 멈추려 하지 않는다. 즐거워서 어쩔 줄 모르기 때문이다. 아이들에게 피곤하지 않으냐고 물으면 "전혀 안 피곤해. 더 놀고 싶어."라고 대답한다.

제일 좋아하는 일을 한 하루와 따분하고 힘든 일을 한 하루는 피로감이 전혀 다르다. 따라서 피곤한지 아닌지는 단순히 육체적인 문제가 아니라 심리적인 요소도 작용하고 있다는 것을 알 수 있다. 하고 싶지 않은 일을 하고 있을 때는 심리적인 유해물질이 작용하고 있다. '하고 싶지 않다.' 라고 하는 기분이 조금이라도 있다면 그 물질이 축적되어 간다.

피로는 위험한 것이다. 그것이 극한에 달했을 때는 특히 더 위험하다. 체내의 온갖 조직에 유해물질이 발생하여 몸의 이상이나 병이 걸리게 된다. 본인은 그 시점에서 알아차리지 못할 수도 있지만, 틀림없이 큰 위험에 노출된 것이다.

인기가 많은 사람이나 사교에 뛰어난 사람들, 어느 때 어떤 사람과 함께 있더라도 편안할 수 있는 사람은 대부분 활력이 넘친다.

건강이 인생에 미치는 영향을 생각해 볼 때, 지나치게 과대평가한다고 해도 인생의 모든 장면에서 건강은 매우 중요한 의미를 가진다. 활력이 부족하다는 것은 에너지가 부족하다는 것으로 생기가 없다는 것이다. 바꿔 말하자면 기억력이 나쁘고 판단력이 떨어지고 집중력이 부족하다는 것이다.

지적 능력을 높이고 싶다면 더욱 건강해지는 것, 보다 정력적이고 활력이 넘치는 몸을 만들어야 한다. 나는 이보다 효과적인 방법을 알지 못한다. 활력이 넘치는 몸을 만드는 것은 당신이 할 수 있는 가장 유리한 투자이다.

좀 더 많이 벌어 수입을 늘리고 싶다고 생각한다면 건강해야만 한다. 건강하면 기력이 충실해지고 독창성도 뛰어나진다. 의욕이 생겨 모든 지적, 정신적 능력이 향상되기 때문에 인생이 즐거워지고 만족감과 행복을 맛볼 수 있게 된다. 실력을 발휘할 수 있어야 비로소 성공을 손아귀에 넣을 수 있다.

'증기 배출'이 되는 삶을 살고 있는가?

거대한 증기기관차가 순조롭게 달려간다. 피스톤과 주연봉(主連棒)이 앞뒤로 경쾌하게 움직이며 낮은 기계음이 울린다. 모든 것이 다 순조롭다. 갑자기 굉음이 울려 퍼지더니 '치익' 하며 증기를 배출하는 거친 소리가 난다. 그러나 기관사는 앞만 쳐다보고 있다. 그의 숙련된 귀는 소리를 듣기만 해도 무슨 일이 일어나고 있는지 알 수 있다. 보일러에 증기가 가득 찼기 때문에 과도한 에너지가 안전밸브를 통해 분출하고 있다.

혹은 운행 중에 보일러 상태가 좋지 않아 마찰음을 내면서 브레이크가 걸린 것처럼 출력이 떨어지기 시작했다고 가정하자. 그러나 이때도 기관사는 당황하지 않고 보일러 담당자에게 소리친다.

"빌, 기름(윤활유)을 치게. 차축이 뜨거워졌어!"

신경쇠약이라 불리는 환자의 상태 대부분은 이런 초기 상태와 닮았다. 증기압이 과도한 상태이다. 그래서 '증기 배출' 때문에 본인조차 깜짝 놀랄 정도로 화를 내지만 태풍이 지나간 것처럼 그런 자신이 부끄러워 어쩔 줄 모른다.

영양부족, 비타민 부족이 원인인 경우도 있는데, 이때는 몸 어딘가 이상 징후가 나타나기 때문에 쉽게 알 수 있다. 이것은 '차축이 뜨거워진' 것과 비슷하다. 우리 몸에도 '기름(윤활유)'이 필요한 것이다.

당신이라는 열차가 타인이라는 열차에 추월을 당하는 것은 기관차와 선로와 차량에 문제가 있다는 것을 왜 깨닫지 못하는 것일까? 기관차는 이미 완전히 지쳐 있음이 틀림없다. 보일러 안의 공기가 부족할지도 모른다. 보일러 안에 타고 남은 재가 많이 축적되면 공기 흐름이 나빠진다. 아니면 연료에 문제가 있을 수도 있으니 연료를 교체하면 된다. 화력이 좋고 재가 적게 남는 연료를 구하면 그만이다.

수많은 사람이 화력이 떨어진 불길로 생명이라는 열차를 달리게 한다. 공기 부족으로 보일러 안의 불이 꺼져버리면 달리는 데 필요한 온도로 올릴 수 없다. 주변 사람들이 모두 자신보다 빠른 속도로 달리고 있는데는 반드시 그만한 이유가 있는 것이다.

당신의 열차는 화물열차와 같은 속도이다. 특급열차가 되기를 갈망하더라도 지금 당신의 열차 성능으로는 도저히 불가능한 일이다.

고통의 '한계 신호', 경고를 무시하고 있지 않은가?

과거의 사업 방식은 허점이 많아 종업원들이 지각하는 것도 일상다반 사였다. 그러나 지금은 시간 엄수와 정확하고 빠른 것이 사업의 철칙이 다. 전철은 정해진 시간에 맞춰 운행되고 있다. 원양 항로의 정기선도 정 확한 시간에 맞춰 출항한다. 모든 것이 시계처럼 정확하게 움직이고 있 다. 당신이라는 기관차가 너덜너덜 엉망이 되어 정확하게 움직일 수 없 게 되었다면 어디가 문제인지를 당장에 확인하는 것이 좋다.

고통이란 자연이 선물해준 자동 속도 조절장치이다. 우리는 이따금 빠른 속도만으로도 고통을 느낀다. 이것은 현대 생활의 공통된 결점이 다. 정해진 속도가 너무 빠르다. 사업에서나 사교에서나 너무 많은 것을 요구하기 때문에 모두가 한계상황에서 최선을 다하고 있다.

놀 때조차도 많은 에너지가 소모된다. 동료들과 즐거운 카드 게임을 밤 1, 2시까지 계속한다. 평일 밤에 게임을 즐기는 일도 적지 않다. 밤늦게까지 클럽에서 춤을 춰 다음 날 업무를 위해 필요한 에너지를 다 써버리고 만다. 모든 일이 다 이렇다.

이렇게 긴장된 상태에서 생활하고 있기 때문에 우리 압력계의 바늘은 항상 한계점을 가리키고 있다. 더군다나 운이 나쁘게 안전밸브가 자주 막히지만, 기관차처럼 쉽게 압력을 낮출 수도 없다. 우리는 더 많은 증기를 만들어내기 위해 에너지를 소모하며 성큼성큼 앞으로 나간다.

그리고 어느 날, 드디어 올 것이 오고 말았다. 큰 소리로 '펑' 하는 소리와 함께 일이 터지고 만 것이다. 그렇게 전문가의 연구 대상이 되는 정신질환자의 증상이 또 하나 늘어나게 되는 것이다.

또한, 인간이라는 기계는 다른 그 어떤 기계보다 훨씬 복잡하게 되어 있다는 사실을 잊어서는 안 된다. 각각의 부품이 다른 모든 부품과 이어져 있거나 어떤 관계를 맺고 있다. 췌장처럼 거의 그 존재를 잊고 있는 장기가 제대로 작동하지 않는 것만으로도 문제가 발생한다.

하나의 신경중추가 다음 신경중추로 줄줄이 전달해 간다. 자율신경의 불균형이 발생하면 곧바로 전신의 상태가 나빠진다. 마치 차축이 과열되어 위험하다는 것을 연기로 알려주는 것과 마찬가지로 통증과 같은 느끼기 쉬운 감각은 뭔가 이상이 발생했다고 우리에게 충고하고 있다.

이 경고를 무시한 채 열차를 계속해서 달리는 기관사가 있다면 당신은 어떻게 생각하겠는가? 너무나 무책임하고 어리석은 사람이라고 생각할 것이다. 이와 마찬가지로 아무것도 생각하지 않은 채 인간이라는 기계를 계속해서 작동한다면 당신 또한, 어리석은 사람이다.

예를 들어 자동차를 운전할 때는 엔진에서 소리가 나거나 바퀴의 차

축에서 덜컹거리는 소리가 날 때 그것을 그대로 내버려둔다면 큰 사고로 이어지리라는 것은 잘 알고 있을 것이다. 때문에 가까운 수리공장에 갈 때까지는 주의를 기울이며 운전을 한다.

그런데 정작 본인의 문제에 대해서는 남들에게 뒤처지지 않으려고 필사적으로 몸을 혹사하고 피로를 푼다며 술과 마약에 의존하거나 진정제 등의 약물로 감각을 마비시키는 사람이 얼마나 많은가?

우리는 이런 식으로 통증을 억제한다. 쉽게 말해 느끼지 못하게 만드는 것이다. 신경기능은 일시적으로 정지시킬 수 있다. 혹사를 당한 육체는 아무런 소리도 내지 않고 떨면서 고통을 겪게 된다. 그러는 사이에도 우리는 전속력으로 달려가지만, 그 집단의 끝에서 부추기고 있는 것은 악마이다.

육체라는 기계가 망가지는 데에는 여러 가지 원인이 있다. 먼저 신경에 문제가 발생하면서 건강을 해치는 경우도 많다. 문득 휴식이 필요한 신경의 피로는 우리의 적처럼 보이지만 실은 친구라고 여겨야 한다. 신경이 피로에 지쳤을 때는 잠시 휴식을 취하며 상처 난 곳을 치유해야 하기 때문이다. 그러나 과도하게 혹사를 당하여 수리할 수 없는 경우에는 예외이다.

어쨌거나 헛구역질, 소화불량, 피로처럼 자연이 보내는 위험 신호를 대부분 사람들이 쓸데없는 장난이나 신경 쓸 필요가 없는 것이라고 여기고 있는 것 같다. 자연의 규칙이 아무리 신성한 것이라 할지라도 인간은 그것을 깨뜨려도 상관없다. 통증이라는 자연으로부터의 위험신호를 무시해도 벌금을 내는 일이 없다고 여기고 있는 것처럼 보인다.

인간의 몸처럼 정밀한 기계는 없다. 모든 작업공정이 세심한 주의를 필요로 하는 정교한 것이기 때문에 조금이라도 잘못 다루게 된다면 상태가 나빠진다. 그럼에도 불구하고 우리는 이 기계에 잠시의 휴식조차 주지 않고 온갖 형태로 혹사를 하고 있다.

윤활유를 공급해 주지 않고, 고장 난 부분을 수리하지 않고, 능력 이상의 속도로 기계를 달리게 하여 과도한 성과를 달성하도록 요구하고 있다. 과도한 영양과 해가 되는 것을 공급하며 지나치게 재촉하고 있다. 그러고는 육체가 항상 원활하게 움직이지 않거나 자신의 요구에 따르지 못하면 크게 실망을 한다.

대부분의 사람은 육체라고 하는 기계를 정비하고, 윤활유를 보충하고, 고장 난 부분을 정비조차 하지 않는다. 그러고는 상태가 좋지 않거나, 볼트가 헐거워지거나, 연결부위에서 잡음이 발생하면 투덜거린다. 게다가 항상 자신이 생각한 대로 움직여줄 것을 기대하며 속도를 줄이지 않고 계속해서 달리는 것만으로는 만족하지 않는다.

자연은 정말로 꼼꼼하게 위험신호를 보내주고 있다. 예를 들어 두통, 식욕부진, 정력 감퇴, 만성피로처럼 우리에게 연료를 보충해 주고, 보일러에 공기를 주입해 주라는 신호를 무시한 채 계속해서 달리게 한다. 그렇게 두 번 다시 달릴 수 없을 정도로 완전히 망가뜨리고 마는 것이다.

한 달이면 예방이 가능한 질병 때문에 죽는 미국 사람의 수는 남북전쟁에서 전사한 사람의 수에 필적한다. 1년이면 그 숫자가 보스턴 인구에 필적하고, 10년이면 6백만 명에 달한다.

마음이 저지르는 중대한 잘못은 화를 내고, 두려워하고, 늘 걱정만 하고, 서두르는 네 가지다. 육체의 병은 의학의 힘으로 많은 질병이 극복되고 있음에도 불구하고 수만 명의 사람이 해마다 이 네 가지 무서운 마수에 걸려 사망하고 있다.

장티푸스는 위생 상태를 개선하면 감소시킬 수 있다. 디프테리아도 새로운 치료 덕분에 마찬가지 결과를 얻고 있다. 과학과 의학기술의 진보 덕분에 과거에는 두려움의 대상이었던 질병이 지도상에서 사라졌다. 유아와 어린아이들의 사망률은 낮아졌지만, 그 대신에 중년의 사망률은 급속도로 늘어나고 있다.

이제 노환으로 죽는 사람은 매우 적어졌다. 우리는 과거와 비교하면 훨씬 젊은 나이에 소중한 내장들을 엉망으로 만들어놓고 있다. 정상 궤도에서 벗어난 생활습관과 자극적이고 과로의 연속, 긴장을 강요하는 생활을 지속한 때문에 병에 걸리지 않더라도 '신경'에 문제가 생기고 만다. 그리고 안타깝게도 그러한 질병 대부분은 미리 방지할 수 있는 것들이다.

신경은 '적'이 아니라 최고의 '친구'이다

　　제목만 보고 정말일지 의심을 품는 사람이 있는 것도 무리는 아니다. 그러나 실제로 신경은 우리의 적이 아니라 가장 좋은 친구이다.

　　당신의 몸에 신경이 없고 모든 기관이 서로 이어지지 않은 채 각자 멋대로 움직인다고 상상해 보라. 물론 실제로 그런 일은 불가능하다. 기화기, 피스톤, 배터리와 같은 부품이 각각 작동하지 않으면 모터가 움직이지 않는 것과 마찬가지다.

　　그러나 만약 감각기관이 이상을 전혀 뇌에 보고하지 않는다면 어떻게 될까? 알코올이나 마취제를 맞은 환자처럼 통증도 느끼지 못하고 불쾌감도 사라진다. 그러나 그 대신 값비싼 대가를 치러야 한다.

　　통증은 자연이 보내는 위험신호이다. 그 기능이 작동하지 않는다면 인간은 무능력하게 파멸의 길로 곧장 전진하게 될 것이다. 신체의 각 기관에서 무슨 일이 일어나고 있는지를 완전히 기력이 다할 때까지 알지 못한다.

통증을 귀찮은 것이라고 여길 수 있지만 실제로는 고마운 것이다. 통증은 우리에게 "뭔가 이상해."라는 경고를 하면서 불편한 곳이 고쳐질 때까지 경고를 계속해 준다.

의사들은 통증을 느끼지 못하게 하면 어디가 안 좋은 것인지 알 수 없다는 것을 잘 알고 있다. 실제로 통증이 있으면 더 정확한 치료를 할 수 있다. 진단을 내릴 때 도움이 되는 것이다. 통증은 의사에게 있어서는 체온계이자 진료 기록이기도 하다.

설태, 위의 불쾌감, 소화불량, 통증, 두통, 황달과 같은 것은 자연이 우리에게 경고하기 위해 보내는 위험 신호의 일부이다. 권태감, 특히 오전 중의 권태감이 장시간 지속한다면 위험하다. 체중의 감소, 식욕 감퇴, 가슴이 답답하고 오랫동안 마음이 안정되지 못하는 것도 모두 무언가 이상이 있다는 것을 보여주는 것이다.

그것은 "밖으로 나가 몸을 움직여라. 좀 더 기분을 풀어주고 즐겁게 놀아라."라고 알려주고 있다. 우리는 신호를 올바르게 인식하고 그 의미를 이해하도록 노력해야만 한다.

자신의 육체가 '파업'을
단행하지 못하게 하려면

'속도를 늦춰 10달러 절약하자.' 이 표어는 뉴욕 근교에 있는 어느 마을로 이어진 도로에 운전자들이 잘 볼 수 있도록 걸려 있다. 더 많은 사업가가 이 경고를 보고 교훈을 얻을 수 있다면 얼마나 좋을까!

이 경고를 마음에 새기고 돈을 향해 질주하고 있는 지금의 속도를 조금만 늦춘다면, 페이스를 늦춰 신경을 혹사하지 않는다면, 마음의 균형을 유지하고 막대한 양의 귀중한 에너지를 소중히 여긴다면, 과도한 활력의 낭비를 막는다면, 그리고 기력과 체력을 완전히 소모해 평화로운 가정생활을 지켜낼 수 없게 되는 것을 막을 수 있다면 그 이상 바람직한 것이 없다.

나는 뉴욕의 한 사업가와 만날 때마다 항상 '허둥대고 있다.'는 인상을 받는다. 그는 언제나 초조해 하며 침착하지 못했다. '한가롭게 있을 수 없다.'는 식으로 자주 시계를 들여다보며 시간을 확인한다. 그는 언제나 내게 "일이 너무 바빠서 어떻게 하면 좋을지 모르겠다."고 말했고, 만나는 사람들에게 입버릇처럼 "일할 때마다 방해를 받기 때문에 밤늦게까지 잔업을 해야만 한다."고 투덜거린다.

신경은 몸의 상태에 대하여 매우 민감하다. 체력이 고갈되거나 기운이 없어 몸 여기저기의 상태가 나빠지면 곧바로 뇌의 활동이 둔해진다. 반대로 건강하고 기력과 활력이 넘치면 뇌의 활동도 활발해진다.

기분이 상쾌할 때는 일도 잘되고 성과도 높아진다. 실력을 충분히 발휘할 수 있기 때문에 이상적으로 일할 수 있다. 그러나 몸이 지쳐 있고 자연이 그 사실을 우리에게 알려주고 있을 때는 상쾌한 기분으로 지낼 수가 없다.

건강하기 위한 갖가지 규칙을 깬다면 육체의 각 기관의 조화가 깨지면서 서로 협력하여 작용할 수가 없게 된다. 각 기관은 작용을 멈추고 소임을 내버려두며 학대에 대해 항의를 하기 위해 파업을 단행한다.

우리는 통증을 포함한 모든 불쾌한 증상이 발생하면 불평을 늘어놓게 되지만 자연으로부터의 이러한 경고가 없다면 거의 대부분 사람들이 어른이 될 때까지 살아남을 수 없을 것이다. 통증이라는 감각이 없어 어디에 화상을 입었는지, 어디를 맞았는지 알 수 없다면 죽을 때까지 손가락과 귀와 눈과 코가 원형 그대로를 유지할 수 있다고 장담할 수 없다.

통증을 느낄 수 없다면 뜨거운 것을 맨손으로 꽉 쥐어 살이 타서 손가락이 움직일 수 없게 될 것이다. 뜨거운 물을 마셔 목과 위가 화상을 입을 수도 있다. 베인 상처의 통증을 느낄 수 없다면 칼날에 손발이 절단될 수도 있을 것이다.

피로를 느끼지 못한 채 일을 계속한다면 언젠가 뇌나 몸의 어느 한 부분이 고장이 나고 만다. 야심 때문에 과로해서 죽고 말 것이다. 그러나 신경이 보내는 친절한 신호에 주의를 기울이면서 적당한 때에 하루의 일과를 마친다면 절대로 그런 일은 없을 것이다.

신경에는 항상 미량의 에너지가 복류처럼 흐르며 우리가 잠들어 있는 동안에도 절대 멈추지 않는다. 이 흐름은 뇌도 느끼지 못할 정도의 작은 자극 때문에 감각기관에서 발생한다.

모든 것이 순조로울 때는 이러한 작은 자극이 모여 건강의 원천이 되는 강력한 흐름을 만들어 낸다. 우리는 이것을 '기분이 좋다.' 라고 하는데, 어째서 기분이 좋은지는 본인도 잘 모른다. 그러나 감각기관이 불쾌한 자극을 느끼면 제일 먼저 아주 작은 불쾌한 감각의 흐름이 발생하고 이윽고 그것들이 모여 커다란 흐름이 된다. 그리고 그때 우리는 '기분이 좋지 않다.' 고 느끼게 된다.

이처럼 신경의 에너지는 항상 흐르고 있다. 건강에 관한 정보를 하나의 신경중추에서 다른 신경중추로 곧장 전달할 수 있도록 항상 경계태세를 갖추고 있다. 몸 어딘가에 이상이 생기고 그것이 치유되면 그 정보는 각 중추에 전달되어 각각 건강을 되찾는다.

이 기쁜 소식은 신경의 중추에서 중추로 줄줄이 전달되어 결국 신경 전체가 기쁨의 환호성을 터뜨린다. 신경은 정보 전달이 대단히 빠르다. 게다가 나쁜 소식보다는 기쁜 소식을 전달하는 것을 더욱 좋아한다.

그러나 감각기관에서 발생한 흐름이 불쾌한 에너지의 흐름이라 하더라도 마찬가지로 항상 정보를 보낼 수 있도록 주변을 경계하며 각자의 역할을 다하고 있다. 동물이 살아가기 위해서는 반드시 그렇게 해야만 한다.

각 중추에는 나쁜 소식이 전달되고 그로 인한 질병이 늘어나면 그 중추가 할 수 있는 일, 그리고 실제로 하는 일은 단 한 가지밖에 없다. 그것은 뇌에 경고를 보내는 것으로 그 메시지는 점점 강하고 많아진다.

"멈춰! 제동을 걸어! 뭔가 이상해!"

이것은 매우 친절한 행위이지만 실제로는 그렇게 받아들이지 않는 경우가 많다.

원래 이 신경이라는 구조는 근육 덩어리인 육체를 움직이기 위해 우주의 거대한 힘을 빌린 훌륭한 장치라는 사실을 이해해야만 한다. 신경은 단순한 물체에 생명과 움직임의 자유를 부여하는 힘이다. 다시 말해 신을 알 수 있는 단서이다.

신경이 없다면 우리는 자유롭게 움직일 수 없으므로 무력하고 절망적인 고깃덩어리에 불과하다. 따라서 바람 따라 물결 따라 떠도는 부초와 같다. 신경이 있기 때문에 우리는 하늘을 향해 한 걸음씩 착실하게 올라갈 수 있다.

마음은 육체보다 빨리 타버린다

어느 명의가 친절하게 환자를 진찰한 뒤 이렇게 말했다.

"특별히 나쁜 곳은 없습니다. 신경이 지쳐 있는 것 같네요."

환자는 가슴을 쓸어내리며 마음속으로 중얼거렸다.

"특별히 나쁜 곳이 없다…, 신경뿐이군."

그러나 의사는 약을 처방하기 위해 캐비닛으로 가다가 조용히 고개를 돌렸다. 그는 지금까지의 경험을 통해 알 수 있었다. 이런 환자는 실제로 육체의 어디가 안 좋은 환자보다 문제가 많다는 것을.

의사는 이 바쁜 사업가 환자에게 버뮤다든 플로리다든 캘리포니아든 어디든 좋으니 일에서 벗어날 수 있는 곳으로 가라고 명령하였다. 환자는 큰 거래가 몇 개나 있다고 투덜거리면서도 의사의 충고를 따랐지만, 마음속으로 욕설을 퍼부었다.

"모든 게 신경 때문이야!"

다음 환자는 고등학교 3학년인 소녀였다. 농구팀과 연극부에 소속되어 있고 토론 클럽의 부장을 맡고 있었으며 짬짬이 음악과 댄스 교습도 받고 있었다. 의사는 그녀를 잠시 살펴보고 심각한 표정으로 말했다.

"신경쇠약인 것 같군. 한 달 동안 모든 것을 쉬고 다시 한 번 찾아오너라."
"하지만 선생님…."
"셰익스피어도 말했던 것처럼, '하지만'은 없다."

의사는 빙긋 웃었지만, 엄중하게 경고하였다.

"이 병은 약으로는 고칠 수 없단다. 휴식을 취하는 게 최고야."

소녀는 아무 말도 못 한 채 울음을 터뜨리면서 앞서 말했던 환자처럼 모든 것이 신경 때문이라며 저주를 퍼부었다.
이 이야기는 절대로 만들어낸 이야기가 아니다. 아마 다른 병원에서도 이 의사의 진료실에서와 같은 광경을 볼 수 있을 것이다. 신경, 신경, 신경! 우리 미국인들은 한 명도 남김없이 곤두서 있다.

역사와 전기를 읽어보면 수명이 다하기도 전에 신경에 이상이 생긴 사람의 예를 얼마든지 볼 수 있다.

위대한 식물학자 칼 폰 린네는 연구에 몰두하다가 신경에 이상이 생겨 연구는커녕 자신의 이름조차 기억하지 못할 정도가 되었다. 커크 화이트는 케임브리지 대학에서 상을 받았지만, 그 때문에 생명이 단축되었다. 그는 밤에 연구하면서 잠을 쫓기 위해 온갖 자극제와 약을 마시다가 24살의 나이에 세상을 떴다. '세계에서 가장 우수한 인물 중의 한 명'이라는 평가를 들었던 영국의 신학자 페리는 과로 때문에 62세의 나이로 사망하였다.

예일 대학 총장 티머시 드와이트는 젊었을 때 과로 때문에 죽을 고비를 넘겨야 했다. 당시 드와이트는 대학에서 연구하는데 하루 9시간, 교수 업무에 6시간을 할애하면서 운동은 전혀 하지 않았다. 그런 생활을 지속하다 결국 신경과민증에 걸려 초조함 때문에 하루에 10분도 독서를 할 수 없는 지경에 이르게 되었다. 머리가 한계에 달하고 만 것이다. 그리고 그가 건강을 되찾을 때까지는 오랜 시간이 걸려야 했다.

왜 심부름꾼 탓을 하는가?

그렇다면 신경이란 어떤 것일까? 먼저 그것을 아는 것에서부터 시작하자.

동물의 기원은 단 하나의 세포로 되어 있는 매우 단순한 생물까지 거슬러 올라갈 수 있다. 그것은 근육의 에너지 덩어리로 최초에는 단지 그곳에 존재할 뿐 감각도 감정도 야심도 없는 존재였다. 그 후 시간이 흐름에 따라 세포가 성장하고 분열하여 온갖 형태의 세포로 분화되고 특수화되었다. 최초로 나타난 동물은 빈둥거리며 먹고 자고 자손을 번식시킬 뿐이었다. 가장 기본적인 본능에만 충실하며 살았으므로 신경 때문에 고민할 일이 없었다.

신경세포는 오랜 세월을 거쳐 자연과 인간을 이어주는 모든 매개 중에서 가장 섬세하고 민감한 것이 되었다. 이 세포는 하나의 핵과 그곳에서 나뭇가지처럼 작은 실과 같은 것에서 만들어져 몸 전체를 빈틈없이 둘러싸고 있다. 신경의 역할은 외부로부터의 자극, 혹은 감각을 받아들여 그것을 근육으로 전달하는 것이다. 근육은 이것을 받아들여 몸을 지키는 역할을 한다.

쉬운 예로 아이들이 뜨거워진 주전자를 만졌을 때의 반응이다. 신경이 '뜨거워!' 라고 한다. 근육은 손을 뒤로 움츠리는 형태로 반응한다. 설령 아이가 잠이 들어 있는 상태라도 충실한 보호자인 신경과 근육이 그 아이에게 해가 되지 않도록 지켜주는 것이다.

신경세포는 나무의 줄기에 해당하는 부분으로 병리학에서는 '축삭(軸索: 신경돌기)', 가지에 해당하는 부분은 '수상돌기' 라는 이름으로 불린다. 축삭과 수상돌기가 정상적으로 기능할 수 있도록 충분한 영양을 공급하는 것이 신경세포체의 역할이다.

성인 남자의 경우 축삭의 길이가 몇 m에 달하기도 한다. 그러나 축삭은 대단히 가늘어서 맨눈으로 볼 수 있는 것은 전화선처럼 다발로 뭉쳐져 있을 때뿐이다. 이 다발은 흰색을 띤 수많은 신경의 집합체이지만 일반적으로는 이것을 '신경' 이라 부른다.

축삭의 역할은 전화선과 마찬가지로 메시지를 전달하는 것에 한정되어 있다. 축삭은 나무 끝의 가는 가지들처럼 서로 얽혀 있는 수상돌기라는 매개를 통해 이 메시지를 받아들인다. 이런 두 종류의 돌기가 '시냅스' 라 불리는 접합부를 형성하고 있다.

어떤 감각이 수상돌기를 통해 시냅스에 전달되면 시냅스는 받아들인 인상을 축삭에 전달하고 축삭은 그것을 신경절, 즉 중추신경을 거쳐 최종적으로는 뇌에 전달한다. 이 과정을 마치는 데는 천분의 1초밖에 걸리지 않는다.

이미지와 자극을 최초로 받아들일 때, 그것이 외부로부터의 것이라면 '감각기관'이라 불리는 예민한 신경의 선단부이다. 이것은 입구를 지키는 문지기, 혹은 외부로부터의 메시지로 덥다, 춥다, 누군가 나를 만졌다, 옷깃 때문에 목이 쓸린다. 등 즉시 신경중추에 전달하는 전신기사와 같은 것이다.

그런데 이 전신기사는 자신이 보내고 있는 메시지의 내용에 대해서는 전혀 관심이 없다. 그 내용은 반가운 것일 수도 있고 슬픈 것일 수도 있다. 어쩌면 이 두 가지가 아닐지도 모른다. 그의 업무는 받아들인 모든 메시지를 전달하는 것이다. 통신수단이라고 하는 것은 기기가 정상적으로 작동하고 제대로 통하기만 하면 된다. 문제가 있다면 그것은 메시지 그 자체이다.

나쁜 소식을 가져왔다고 '신경'을 원망하는 것은 비보를 전달하는 메모지를 가져왔다고 심부름꾼을 책망하는 것과 같다. 신경은 우리가 알아야 할 것을 전달해 주었을 뿐이다.

인간은 고작해야 2, 3년 동안 건강을 해쳤다고 꼼짝도 못 한 채 누워 있도록 만들어지지 않았다. 그 사실은 이 대단히 정교하게 만들어진 육체의 어딜 보더라도 알 수 있다. 우리는 더 크고, 더 완벽하고, 더 풍요로운 인간이 될 수 있으며, 더욱 커다란 능력을 발휘할 수 있다는 것을 깨닫게 될 것이다.

우리는 50살이 지나서도, 아니 60살이나 70살이 지나서도 위대한 업적을 달성할 수 있는 삶을 영위해야 한다. 실제로 수많은 사람이 그것을 실행하고 있다.

인류는 오랫동안 온갖 화학물질에서 불로장수의 약효를 추구해 왔지만 사실 그 약은 우리 자신 속에 있다.

자연은 우리에게 끊임없이 반복되는 훌륭한 자기 재생력을 선물해 주었다. 몸속의 세포는 신진대사를 통해 항상 새롭게 재생되고 있고, 그중 특히 활발하게 기능하고 있는 부분은 대사의 속도 또한 매우 빨라진다.

우리의 마음가짐만 확실하다면 체내의 세포는 항상 조화를 이룬 완벽한 상태로 유지할 수 있도록 세포 하나하나에 건강해질 힘이 잠재되어 있다.

조금만 더 신경의 구조에 대하여 배워보기로 하자. 그리고 문제의 핵심, 다시 말해 '정말로 나쁜 것이 누군지'를 명확하게 밝혀 나가기로 하겠다.

CHAPTER 2

능력을 잠재우지 않는
'몸과 마음'의 대원칙

습관은 신경에 어떤 영향을 끼칠까?

일상의 생활방식이 신경 에너지에 큰 영향을 끼친다는 것은 의심의 여지가 없다. 현명하고 건전한 생활방식을 한다면 에너지는 차곡차곡 축적되고, 어리석은 생활을 지속한다면 조금씩 헛되게 소모돼 간다.

자신이 신경의 힘을 얼마나 헛되이 쓰고 있는지, 이런저런 형태로 자신의 힘을 조금씩 유출함으로써 귀중한 인생의 자본을 얼마나 낭비하고 있는지 깨닫고 있는 사람은 찾아보기 힘들다.

내가 오래전부터 알고 있는 젊은 여성은 고작 1분조차도 가만히 있지를 못한다. 그녀는 쉬지 않고 어딘가의 근육을 움직이고 있다. 초조하게 손가락을 꼬무락거리며 끊임없이 손발을 흔들고 눈을 깜빡거리며 인상을 찡그린다. 1분 사이에 몇 번이고 얼굴에 손이 올라가고 머리를 쓸어 올린다. 가만히 있지를 못하기 때문에 늘 흔들의자에 앉고 싶어 한다.

그 결과 그녀의 신경은 완전히 지쳐 버렸다. 그런데도 그녀는 신경의 힘을 이런저런 방향으로 분산시키며 낭비하고 있는 것이 문제라는 것을 깨닫지 못하고 있다.

근육의 피로 방식과 신경의 피로 방식이 전혀 다르다는 것을 잊어서는 안 된다. 신경은 지쳐 있다는 것을 다른 기관에 보고할 뿐이다. 이 여성처럼 어리석은 습관을 계속한다면 신경은 사소한 것들을 보고하는 일만으로도 항상 쫓기게 된다.

우리의 신경은 피로를 모른다고 해도 좋을 정도로 인내심이 강하다. 그런데도 우리는 신경이 피곤하다, 신경이 지쳤다, 신경이 곤두서 있다, 신경이 녹초가 되었다는 말을 자주 한다. 이런 표현은 모두 정확하지 않다. 그렇다면 파탄을 초래한 원인이 무엇일까?

사실 신경은 인체 중에서 피로에 제일 잘 견디는 기관이다. 노인조차 대부분의 경우 신경은 매우 예민하고 활발하게 작용하고 있다. 나쁜 것은 신경이 아니라 시냅스, 다시 말해 온갖 신경색의 집합체이다. 그것은 저항상자와 같은 것으로 매시간 수천에 이르는 서로 다른 감각을 받아들여 전달해야 할 방향으로 보내다 결국은 원활하게 흘려보내지 못하게 되어 막히고 만다. 그때 우리의 '신경'은 피로를 느낀다.

신경은 습관을 만들고 습관은 인생을 만든다

　좋든 나쁘든 간에 습관을 형성하는 장본인은 시냅스이다. 시냅스는 한 방향으로 무언가를 흘려보내고 역류시키지 않는 셔터와 같은 것으로 수도관이나 스팀 파이프의 밸브와 같은 작용을 한다. 밸브의 플랜지는 한쪽에 장착되어 있어 물이나 스팀은 쉽게 들어올 수 있지만 유출되려고 하면 막히게 되어 있다.

　예를 들어 난생 처음으로 담배를 피운 소년이 있다고 하자. 소년은 아마도 당장은 맛이 있다고 생각하지 않을 것이다. 신경은 새로운 감각을 보고하고 시냅스는 그것을 기록한다. 소년은 다시 한 대를 더 피운다. 그러자 이 작은 밸브는 그것에 익숙해지려고 노력한다.

　소년이 계속해서 담배를 피우면 시냅스는 곧바로 담배라고 하는 진정제에 익숙해지는 것은 물론이고 더 많이 원하게 된다. 그리고 많이 피우면 피울수록 욕구가 더 커져 이제 흡연을 멈출 수 없게 된 소년은 채워질 수 없는 욕망을 잠재우기 위해 계속해서 이것저것 다른 담배들까지 시험해보게 된다.

위스키를 마실 때도 이와 마찬가지 현상이 일어난다. 위스키는 곧바로 시냅스에 반응을 일으켜 전신에 황홀한 자극을 전달한다. 그리고 술을 마시면 마실수록 더 마시고 싶다는 욕구가 강해진다. 이것이 음주 습관의 시작이다.

예일 대학의 엘리엇. B. 프로스트 박사는 이 상황을 다음과 같이 설명하고 있다.

"간단히 설명을 해보자. 한 잔의 맥주를 보고 임펄스(충격)가 발생했다고 하자. 이 임펄스는 시냅스 a를 거쳐 특정 근육 속으로 방출되는 경우가 있는가 하면 시냅스 b를 거쳐 다른 근육 속으로 방출될 경우도 있다. 전자의 경우 그 사람은 맥주를 마시고 후자의 경우에는 맥주를 마시고 싶다고 생각하지 않는다. 임펄스는 전류처럼 가장 흐르기 쉬운 곳으로 흘러간다. 즉, 가장 저항이 적은 시냅스를 통과하는 것이다.

일반적으로는 이렇게 말할지도 모르겠다. 다시 말해서 습관이 몸에 배는 것은 하나의 시냅스에 처음부터 있었던 저항이 사라지는 것, 그리고 또 다른 시냅스의 저항이 커지는 것에 지나지 않는다. 그리고 지금까지의 습관을 버리고 새로운 습관을 익힌다고 하는 것은 이와 정반대의 과정이 일어나는 것으로 저항이 큰 시냅스가 약해지고 지금까지 저항이 약했던 시냅스가 강해지는 것이다."

그러나 생활습관의 형성과 연관이 있는 것은 시냅스뿐만이 아니다. 이 시냅스에 의한 매우 기본적인 신경 작용은 육체적인 면에서만 작용한다. 그렇다면 마음은 어떻게 되어 있을까? 습관이 몸에 밴다는 것은 체내에 생리적인 과정과 함께 심리적인 과정도 일어나고 있다는 뜻이다.

다시 처음 담배를 피우게 된 소년에 대해 생각해 보자. 담배가 맛이 없거나 나중에 속이 울렁거릴 뿐만이 아니라 소년을 둘러싼 환경에 따라 두 번 다시 담배를 피우지 않겠다는 선택을 할 가능성도 있다.

흡연이 어리석은 행위이거나 분별력이 부족한 행위라고 생각하거나 가족 중에 누군가가 담배를 피우는 것을 유쾌하게 여기지 않았을 때는 일정한 신경회로의 저항이 커지기 때문에 소년은 두 번 다시 담배를 피우지 않을 것이다. 그러나 친구가 담배를 피운다면 소년은 그 모습을 보고 다시 피우고 싶어질지도 모른다.

이러한 동료의식은 일련의 시냅스 저항을 낮추는 작용을 하는 동시에 담배가 맛이 없고 구역질이 난다는 불쾌한 경험 또한 별도의 시냅스 저항을 줄여주는 작용을 한다.

그러나 담배를 항상 피우고 있는 사람과 전혀 피우지 않는 사람의 경우에는 하나의 신경회로의 저항이 매우 작으므로 사소한 일로는 결과가 달라지지 않는다. 습관이 몸에 밴 다음부터의 기간이 길수록 그 행동을 바꾸는 것은 어려워진다. 소년이 어른이 되었을 때쯤에는 담배는 물론이고 다른 모든 습관에 대해서도 쉽게 고쳐지지 않을 것이다.

습관이 가장 몸에 배기 쉬운 때는 2살이 될 때까지의 기간이다. 어린이의 신경계는 어른의 신경계와 비교할 때 임펄스에 대응하거나 거부하는 속도가 훨씬 빠르다.

예를 들어 게으른 습관이 배었다고 하자. 늦잠을 자고 몸을 써서 하는 일을 싫어한다면 이것은 한 무리의 시냅스가 동면상태에 익숙해져 있는 것이다. 충격을 가해 잠을 깨우지 않는다면 시냅스는 언제까지나 잠만 자고 있을 것이고 잠이 깊이 들었을수록 다루기가 더욱 어려워진다.

나는 학교에서 공부에 대한 의욕이 없는 아이들을 본 적이 있다. 그 원인은 틀림없이 신경의 반응 때문이다. 문제는 새로운 시냅스의 저항을 축소하는 것만이 아니다. 어려운 것은 습관을 바꾸는 일이다.

지금까지 계속해서 유혹에 넘어가 이제는 완전히 게으른 습관이 몸에 배어 있다. 근면이라는 새로운 습관을 몸에 익히기 위해서는 임펄스가 지금까지와는 다른 시냅스를 통하도록 해야 하는데, 지금까지 임펄스가 지나간 길을 어떻게 막아야 하는지가 가장 큰 문제이다.

습관은 그 사람의 일생을 좌우하는 중요한 요소이다. 결과는 무엇을 자제하고 어떤 습관을 몸에 익히는가에 따라 인생이 달라진다. 이렇듯 습관은 우리의 존재 깊숙한 곳, 다시 말해 신경의 단위에서 작용하여 우리의 행동과 건강에 영향을 미치고 있다.

누구나 원하는 '만병통치약'의 이름

불행한 습관은 병을 일으키는 원인이다. 수많은 의사가 잘 알고 있듯이 병의 진정한 원인은 환자들의 잘못된 생활습관 때문이다. 생활습관을 고쳐 원인을 제거하지 않는다면 환자는 건강을 되찾을 수 없다. 그러나 대부분 환자들은 이런 의사의 말에 화를 낸다.

"생활습관을 고쳐야 합니다. 술은 적당히 드시고, 자극물은 모두 끊어버리고 밤샘은 하지 말도록 하세요. 그렇지 않으면 이전의 건강은 되찾을 수 없습니다."

그러면 환자들은 의사를 바꾼다. 환자가 해야 할 옳은 길을 가르쳐주는 의사는 버리는 것이다.

환자는 먹기만 하면 병이 완치될 수 있는 약만을 원한다. 자신의 잘못된 습관도 고치고 싶지 않고 지금의 삶도 바꾸고 싶어 하지 않는다. 매일 정해진 시간에 자는 것도, 음식을 잘 씹는 것도, 입맛이 당기는 것을 버리고 몸에 좋은 것을 먹을 생각도 없다. 환자가 원하는 것은 지금까지의 생활을 유지하면서도 병을 고쳐줄 수 있는 의사다.

그들이 원하는 것은 병이나 봉투 속에 들어 있어 먹기만 하면 되는 약이다. 그래서 젊고 경험이 없는 의사는 자양강장제를 주고 상황을 모면하고 싶다는 생각을 하곤 한다. 그리고 환자는 이전과 마찬가지로 위험한 생활을 지속하게 된다. 이전처럼 자기 맘대로 살아가는 생활습관을 지속하는 것을 대부분의 환자는 포기하고 싶어 하지 않는다.

그러나 그런 생활을 지속하다 보면 언제 병이 악화될지 모른다. 성실하고 양심적인 의사라면 환자의 약점에 등을 돌리지 않고 무엇이 문제인지, 건강을 되찾으려면 어떻게 해야 하는지 솔직하게 말할 것이다. 솔직하게 말하면 이 환자는 두 번 다시 찾아오지 않거나 다른 의사를 찾아가거나 약이나 다른 치료법을 찾지 않을까 걱정한다.

현재 공직에 있는 사람의 대다수가 거의 매일이라고 해도 좋을 만큼 피로에 지쳐 있다. 나는 워싱턴의 국회의사당을 방문하였을 때 이 사실을 깨닫고 충격을 받았다. 뛰어난 재능을 타고난 사람들이 건강을 해친 탓에 중요한 책무를 다하지 못하고 있다. 잘못된 생활습관과 운동부족 때문에 몸에는 여분의 지방이 쌓이고 근육은 처져 있다.

틸먼 상원 의원은 자신이 건강을 해치게 된 것이 잘못된 섭식 때문이라고 인정하였다. 뇌졸중으로 반신불수가 되고 나서야 비로소 그 사실을 깨닫고, 그때부터 생활습관을 완전히 바꿔버렸다고 했다. 또한, 동료 의

원들도 모두 사치스러운 생활과 운동부족 때문에 틀림없이 목숨이 단축될 것이라고도 덧붙였다.

의원들은 거의 종일 의자에 앉은 채로 보낸다. 항상 머리끝으로 피가 몰린 채 긴장을 풀어줄 여유가 없다. 게다가 좁은 회의실에서 끊임없이 담배를 피우고 만찬회와 같은 행사를 하루에도 몇 군데나 돌아야 한다. 이래서야 언제 쓰러진다고 해도 이상할 것이 없다.

그와 달리 시어도어 루스벨트 대통령은 공직자의 거울과 같은 인물로 대단히 건강했다. 그리고 그의 뛰어난 정치 수완은 "건강한 육체에 건강한 정신이 깃든다."라고 하는 그의 생활신조에서 비롯된 것이라는 것은 의심의 여지가 없다. 그의 유명한 일화를 다음 항에서 소개하기로 하겠다.

Making Friends With Our Nerves

운동 부족은 뇌에도 '군살'이 찌게 한다

시어도어 루스벨트 대통령 재임 중의 어느 날, 이런 말을 하여 육군본부에 근무하는 사람들을 깜짝 놀라게 하였다.

"다음 토요일에 다 함께 하이킹을 가지 않겠나?"

그것은 명령이 아닌 단순한 권유였지만 모든 사람이 안 가면 안 된다고 생각했다. 대통령의 하이킹이란 것이 어떤 것인지는 워싱턴에서는 모르는 사람이 없을 정도로 유명한 것이었기 때문에 매일 책상 앞에서만 일하여 근육이 완전히 퇴화한 사람들에게는 걱정이 이만저만이 아니었다.

그리고 그들의 불안은 적중했다. 그날, 대통령은 사람들을 끌고 산을 넘고 계곡을 건너서 성큼성큼 앞으로 걸어갔다. 냇물을 뛰어넘고 바위산을 기어오르며 넘어진 나무와 바위가 길을 막아도 결코 돌아가는 일이 없었다. 모두가 완전히 지친 상태로 어떻게 해서든 집에 돌아가기 위해 무거운 발걸음을 옮겼다. 그러나 대통령과 걷는 데 자신이 있는 두세 명만은 정말로 상쾌한 기분이었다.

또한, 기병 장교의 자격 기준을 사흘 안에 100마일을 주파하는 것으로 개정하라고 명령하였을 때도 사무직 일부에서는 너무 가혹하다는 소리가 흘러나온 적이 있었다. 그러자 다음 날 아침, 대통령은 백악관의 마구간에서 말을 끌고 나와 두 명의 장교와 함께 정오에 단 한 번만 말을 바꿔 타고 단 하루 만에 100마일을 주파해 버렸다.

루스벨트는 운동이 건강에 얼마나 좋은지를 잘 보여준 표본과도 같은 인물이었다. 그는 어릴 때는 병약하여 일 년 내내 천식 발작으로 고생했고, 발작이 시작되면 침대 위에서 아버지의 도움 없이는 숨을 쉬기조차 어려울 정도였다. 그러나 그는 그런 것에는 전혀 개의치 않았다. 복싱과 승마를 시작하였고 날씨와 상관없이 항상 밖에서 나날을 보냈다. 이런 습관은 어른이 되어서 건강을 유지할 수 있는 기반이 되어 주었다.

'걸어야지.' 라고 생각하지 말고 걷는 것,
그것이 건강의 첫걸음이다

　신경과 뇌가 피곤할 때는 신선한 공기와 운동만큼 효과적인 약이 없다. 특히 사무직 사람들에게는 이 기분전환은 절대적으로 필요하다. 시험 삼아 점심시간에 산책을 해보면 좋을 것이다. 오후 일과에서 반드시 그 효과가 증명될 것이다.

　걷는 것은 최고의 운동이다. 참고로 걸을 때는 올바른 호흡법을 염두에 두고 '걸어야지.' 라고 하는 의무감을 버릴 수 있다면 더욱 바람직하다. 근무지에서 2, 3km 이내에 사는 사람이라면 아침만이라도 교통수단을 이용하지 말고 걸어서 출근하면 좋을 것이다. 그날은 틀림없이 평소보다 기분이 좋을 것이다.

　조지. H. 피치는 《현명한 삶의 방식》이라는 책 속에서 다음과 같이 적고 있다.

"저가의 자동차가 폭발적으로 팔리게 되면서 즐기기 위해 걷는 행위는 이미 과거의 것이 되고 말았다. 이것은 너무나 애석한 일이다. 왜냐하면, 걷는 것 이상으로 건강에 좋고 간단하게 즐길 수 있는 스포츠는 거의 없기 때문이다. 미국인도 영국인도 걷는 방법을 익힌다면 많은 것을 얻을 수 있을 것이다.

영국에서는 계급에 상관없이 남녀 모두 다리가 튼튼하다. 비가 내려도 아무렇지 않게 5마일이든 10마일이든 소풍을 간다. 런던을 방문한 미국인이 의아하게 여기는 것 중에 하나는 비가 많이 내리는 영국에서 우산을 거의 찾아볼 수 없다는 것이다. 영국인은 비가 내리면 우비를 입고 모자에는 방수 덮개를 씌운다. 그런 다음 마치 햇살 아래에서 걷듯이 도심의 거리나 시골 길을 여유롭고 가벼운 걸음걸이로 걷는다."

피치는 그리고 이렇게도 적고 있다.

"자동차가 보급되기 30년 전에는 자전거가 유행하면서 부자는 물론 가난한 사람까지 모두 다 자전거를 탔다. 자전거는 그다지 격렬한 운동은 아니면서도 적당한 속도로 여기저기로 다닐 수 있다는 장점이 있다. 그런 의미에서 자동차보다 훨씬 훌륭하다. 자동차의 속도로는 멋진 풍경을 천천히 감상할 수 있는 여유가 없기 때문이다.

남들보다 유행에 뒤처져도 상관이 없다면 지금이라도 자전거를 타며 즐길 수 있다. 가격도 싸고 편리하면서도 즐거워서 휴일에 가까운 곳까지 하이킹을 하기에는 제격이다."

또한, "지금까지 알려진 그 어떤 진료법보다도 야외에서 몸을 움직이는 것이 병에 좋다."라고 오스틴 프린트 박사도 말했다. 그러나 지나친 운동은 몸을 단련시키기는커녕 소모하기 때문에 흥분하기 쉬운 사람이나 허약한 사람은 오후 8시 이후에는 기분이 고조되는 운동을 해서는 안 된다.

밤에 스포츠 센터에서 기분 좋게 땀을 흘린 것까지는 좋았는데 침대에 누운 지 두세 시간이 지나도 잠을 잘 수 없다는 고민은 이런 타입의 사람에게 많다. 그럴 때는 코코아나 우유 한 잔을 마시거나 버터를 바른 빵을 가볍게 먹으면 머리가 베개에 닿는 순간 잠이 들 것이다. 잠들기 전에 뭔가를 조금 먹어 배를 채우는 방법은 잔업 때문에 밤늦게까지 머리를 써서 잠을 잘 이루지 못하는 사람에게도 효과가 있다.

매일 밖으로 나가 몸을 움직이는 것은 누구에게나 필요한 일이다. 이것을 게을리하면 수명이 상당히 줄어든다. 매일 두 시간은 밖에서 보내며 적당한 운동을 하도록 노력하자. 건강하기만 하다면 실제 나이와 상관없이 젊음을 유지할 수 있다. 그리고 머리 회전이 빠른지 늦은지는 건강 상태에 따라 달라진다고 해도 과언이 아니다.

미식축구 감독 월터 캠프는 '데일리 더즌'이라는 유연 체조의 고안자이다. 이 운동은 설령 우리에 갇혀 있는 동물이라도 각각의 근육을 체계적으로 늘이거나 수축시킴으로써 몸 상태를 유지할 수 있다는 생각에 기반을 두고 있다.

예를 들어 아침에 일어나자마자, 혹은 밤에 잠자리에 들기 전이 다음과 같은 체조를 하기 바란다. 먼저 등을 쭉 펴고 서서 심호흡을 한다. 이

때 천천히 팔을 올리면서 숨을 들이쉬고 팔을 내리면서 숨을 뱉는다. 처음에는 여섯 번을 하고 10회, 12회, 15회로 서서히 그 횟수를 늘려간다. 숨을 들이마실 때마다 등을 곧게 펴는 방법도 있다. 이것만으로도 가슴에서부터 손발의 끝, 몸의 구석구석까지 혈액이 충분히 전달됨을 느낄 수 있어 깜짝 놀랄 것이다.

이 밖에도 아령을 이용하는 등 스스로 연구하여 할 수 있는 체조가 얼마든지 있다. 아침의 냉수욕은 기분을 상쾌하게 해주지만 무리를 해서는 안 된다. 더운 여름에 시작하는 것이 오래가는 요령이다. 냉수욕이 무리라면 부드러운 수건을 물에 적셔 몸을 닦아주는 것도 효과가 있다.

또한, 실내 온도를 낮에는 섭씨 20도에서 21도로 유지하고, 밤에는 겨울이라도 창문을 충분히 열어 환기를 시켜주자.

이처럼 간단한 것 두세 가지를 실행하는 것만으로도 의사에게 지급할 돈을 꽤 많이 절약할 수 있다. 게다가 언제 무슨 일이 일어나더라도 재빠르게 대응할 수 있는 건강한 몸을 유지할 수도 있다.

기분전환을 하지 않는 사람이
치러야 할 값비싼 '대가'는?

지금 미국인들의 맹렬한 삶의 모습은 사람들이 걸리기 쉬운 병의 모습까지 크게 바꾸어 놓았다. 결핵처럼 서서히 소모되어가는 병이 있는가 하면 심장병과 신경쇠약, 뇌졸중이 늘어나면서 어느 날 갑자기 쓰러지는 경우가 많아지고 있다. 항상 시간에 쫓기며 무언가 고민하는 것이 우리 미국인들의 삶이다.

이러한 현대병의 폐해를 없애기 위해서라도 운동과 기분전환에 신경을 써야 한다. 건강한 생활을 위해서 기분전환은 반드시 필요하다. 적당한 기분전환은 재생, 다시 말해 피로를 풀어주어 체력을 회복시키는 일이다. 사소한 놀이만큼 기분전환을 위해 좋은 것이 없으며 쉬지 않고 계속해서 일하는 것보다는 사이사이에 건강하고 즐거운 기분전환의 시간을 갖는 것이 훨씬 능률이 오른다.

기분전환을 하지 않는 사람은 부진이라는 형태로 대가를 치르게 된다. 기분전환을 하지 않는다는 것은 매일 배출되는 뇌의 분비물을 청소하지 않는 것이다. 매일 아무런 변화도 없이 기분전환을 하지 않고 계속해서 같은 일을 반복하는 단조로운 생활을 지속하다 보면 머리 회전이 눈에 띄게 느려지고 유연성과 회복력도 잃게 된다. 쉽게 말해서 뇌가 활발함을 잃어 무기력하게 같은 일을 반복할 뿐 독창적인 훌륭한 것은 절대로 창출해내지 못하게 된다.

기분전환과 수면부족으로 뇌가 피로에 지쳐 제대로 업무 처리를 할 수 없다면 억지로 일을 시킬 수가 없다. 예를 들어 나폴레옹처럼 강인한 의지의 힘이 있다고 하더라도 뇌에 영양을 공급해 주는 혈액이 깨끗하지 못하다면 할 수 있는 일이 없을 것이다.

그러므로 몸에 좋은 기분전환을 염두에 두고 몸에 좋지 않은 여가를 보내는 것은 피해야 한다. 생명을 줄이는 것이 아니라 생명을 맑게 청소하고, 에너지를 빼앗는 것이 아니라 에너지를 재충전할 수 있는 놀이를 해야 한다.

제아무리 돈을 많이 벌었다고 하더라도 건강을 잃는다면 모든 것이 허사라는 사실을 항상 마음속에 새겨두기 바란다. 돈벌이에 여념이 없다가 가벼운 음식조차 거의 먹지 못할 정도에 이르게 된 갑부들이 있는데, 그들은 돈 때문에 건강을 희생하고 나서야 식욕이 왕성한 보통의 노동자들을 부러워하게 되었다.

건강을 위해 자연이 요구하는 대가는 규칙적인 생활이다. 내일 밤의 잠을 오늘 밤에 보충하거나 다음 식사를 충분히 먹지 못할 것 같아 지금 많이 먹거나, 밤낮없이 지쳐 쓰러질 때까지 일하고 나중에 몰아서 쉴 수는 없다.

정해진 시간이 될 때까지 자연은 아무것도 하지 않는다. 자연의 시간을 빠르게 돌리려 하다가는 결국 문제가 발생하게 된다. 지적인 것, 정신적인 것, 육체적인 것을 포함하여 우리가 자연과 거래를 할 때마다 상대는 일일이 장부에 기록한다. 자연의 눈은 결코 속일 수가 없다.

우리가 자연의 규칙을 깬다고 하더라도 그날 당장에 청구서를 보내는 일은 없을 것이다. 그러나 자연이 운영하고 있는 은행에서 자신의 심신을 저당 잡히고 마구 빌려 쓰다가는 언젠가 반드시 대가를 지불하게 될 것이다.

지금은 자연이 원하는 것을 무엇이든 빌려주겠지만, 내일이 되면 《베니스의 상인》에 나오는 유대인 상인 샤일록처럼 마지막 1온스의 살점까지 요구하게 될 것이다. 자연은 인간의 나약함과 무절제, 무지를 그냥 넘기지 않는다. 인간에게 최고의 상태를 유지할 것을 요구하고 있다.

재능의 '꽃' 이 피는 것은
건강한 '대지' 에서다

　어떤 단체라도 남들 위에 서는 인물, 누구나 능력을 인정하는 실력자가 한 명은 있게 마련이다. 그런 사람은 정식으로 투표로 선출하지 않더라도 어느샌가 암묵적 찬성으로 모두를 인솔한다. 위험이나 긴급한 상황이 있을 때마다 주변 모두가 본능에 따라 그 사람의 얼굴을 바라본다. 그 사람은 항상 믿음직스럽고 강인한 인상을 풍기면서 마치 높은 곳에서 낮은 곳으로 물이 흐르듯 자연스럽게 책임을 받아들인다.

　뛰어난 지성과 인격이 사람들에게 깊은 감명을 주어 설령 서로의 주장이 일치되지 않더라도 그 사람의 인품에 탄복할 수밖에 없는 사람이 있다. 그는 매우 자연스럽게 지도력을 발휘하고 또한, 사람들이 자연스럽게 그를 따르게 되는 이유는 무엇일까? 그것은 그 사람이 자신의 많은 능력을 균형적으로 갖추고 있기 때문이다. 건강한 몸과 명석한 두뇌를 겸비했기 때문이다.

아무리 대단한 능력이 있더라도 건강하지 않다면 능력을 충분히 발휘할 수 없다. 체력이 떨어지면 앞으로 나설 기력이 떨어진다. 용기는 정신의 왕국을 인도하는 위대한 지도자로 용기의 길라잡이가 없다면 다른 능력은 앞으로 나갈 수가 없다. 그러한 용기를 낼 수 있는지 없는지는 건강, 다시 말해 신경의 활력 유무에 달려 있다고 해도 과언이 아니다. 왜냐하면, 몸속의 모든 기관과 뇌 사이에는 밀접한 관계가 있기 때문이다.

Making Friends With Our Nerves

자신의 두뇌를 최대로 활용하기 위한
'네 가지 법칙'

이미 말했던 것처럼 뇌는 전화 통화를 교환해 주는 기지국과 같은 것이다. 모든 메시지가 이곳을 통과하고 기록되어야만 한다. 전화선에 해당하는 신경은 끊어짐 없이 몸 전체에 퍼져 있어 메시지가 끊임없이 중앙 교환수에게 보내진다.

이 시스템이 효율적으로 기능하기 위해서는 적어도 다음과 같은 두 가지 것이 필요하다. 하나는 전화망이 끊어져 있지 않아야 하고, 또 하나는 모든 신호가 쾌속하고 정확하게 처리되어야 한다는 것이다. 기지국에 무언가 이상이 생기면 곧바로 시스템 전체에 악영향을 끼치기 때문이다.

이것은 바꿔 말하자면 고장이 일어나지 않도록 최대한 뇌를 지키는 것이다. 뇌의 혈관이 막히거나 만취 상태라면 그 사람은 그만큼 불리한 처지에 놓이게 된다.

뇌를 괴롭히고 싶다면 위를 괴롭히는 것이 가장 빠르다. 예를 들어 한 남자가 위스키를 마시고 있다고 하자. 위에서 시작되어 뇌로 향하는 신경은 과도한 자극을 받아 중추에서 중추로 여분의 부하를 전달하여 결국 뇌 전체에 도달하게 된다. 처음에는 물론 뇌가 현재 일어난 것에 대한 정보를 받아들이면서 상황을 제어할 수 있다. 심장을 관장하고 있는 신경의 작용 때문에 심장은 강렬하게 수축을 반복하여 여분의 혈액을 뇌에 공급한다.

그러나 위와 심장의 일치단결된 공격을 받은 뇌는 쩔쩔매다가 결국은 제어불능 상태에 빠지게 된다. 전화 교환수는 일시적으로 착란 증상을 일으키며 정확하지 못한 명령을 하달하기 시작한다. 신경은 그 명령에 따르려고 노력해 보지만 사태는 더욱 심각해질 뿐이다. 다리 근육도 말을 듣지 않게 되어 비틀거리며 걷다 쓰러질지도 모른다.

우리는 '고주망태'라고 표현하는 것은 몸속의 상황을 반밖에 모르고 하는 말이다. 뚜껑을 열고 중앙의 통제가 이루어지지 않은 채 외로이 싸우고 있는 신경과 근육을 본다면 무서울 정도로 무질서한 상황이 어떤 결과로 이어질지 상상조차 할 수 없을 것이다.

가장 일상적이고 누구나 경험하는 것이 소화가 잘 안 되는 음식을 먹었거나 과식을 하였을 경우이다. 소화불량으로 혼란에 빠진 신경계가 근육조직에 영향을 끼쳐 몸이 무거워지고 기력도 떨어진다. 이 때문에 뇌의 작용이 둔해지면서 처리해야 할 일을 할 수 없게 된다.

성공한 사업가 대부분이 배불리 점심을 먹지 않는 것은 이러한 이유 때문이다. 그들은 크래커와 우유 정도의 가벼운 식사로 만족한다. 가벼운 식사는 오후에도 머리 회전을 둔하게 하지 않는다.

신경계와 뇌의 관계는 어떤 것을 계기로 일종의 악순환에 빠지는 경우가 있다. 몸의 어느 일부분에 문제가 생기면 반드시 다른 모든 부분에 영향을 끼친다. 티눈은 뇌에서 가장 먼 곳에서 생기지만 티눈이 생기면 사람들은 불쾌해지거나 신경이 쓰여 집중할 수 없게 된다. 그리고 신경은 원인도 모른 채 초조해한다.

그러나 심신의 이상이 없는 건강한 사람의 경우에는 뇌와 신경의 관계는 그 사람에게 도움이 되기 위해 열심히 일한다. 뇌의 작용을 막는 것이 아니라 도움을 주는 것이다. 그렇다면 그렇게 하기 위해서는 어떻게 하면 좋을까?

> 첫 번째, 먼저 올바른 식습관을 가져야 한다.
> 두 번째, 적당한 운동을 한다.
> 세 번째, 올바른 생활습관을 익힌다.
> 네 번째, 올바른 사고방식을 가져야 한다.

얼마나 간단한 일인가? 그러나 이것을 제대로 지키는 사람은 많지 않다. 이 중에서도 네 번째가 가장 어렵지만, 이것은 뇌의 작용을 활발하게 하는 데 매우 효과적이다. 시시한 소설을 읽고 있으면 뇌의 작용이 나빠지지만 좋은 책을 읽으면 뇌의 자양분이 되는 것처럼 그릇된 사고를 버리고 올바른 사고를 몸에 익힌다면 이윽고 그것이 그 사람의 인품과 삶에서 저절로 우러나게 될 것이다.

Making Friends With Our Nerves

자신감을 잃었을 때야말로
자신을 믿어야 할 때

마음먹은 대로 능력을 발휘하지 못했을 때 "다 내 잘못이야."라고 생각할 것이다. 그렇다면 어째서 본인 자신을 되돌아보고 어디가 문제인지 파악하지 않는가? 당신에게 뭔가 약점이 있는 것은 아닐까? 때문에 열심히 노력한 것이 결실을 보지 못하고 본인 스스로도 그 정도는 쉽게 해낼 수 있다고 여기면서도 정작 성공을 거두지 못하는 것이 아닐까? 그렇다면 약점이 무엇인지 찾아내서 고쳐야 할 것이다.

사람들은 모두 무언가 빛이 나는 것을 가지고 있다. 그것을 최대한 끈기 있게 연마해 간다면 성공을 손에 넣을 수 있을 것이고 세상에 도움이 되는 사람이 된다. 당신이 누구든 간에 지금까지 어떤 삶을 살았든 간에 그런 것은 중요하지 않다. 진지하고 성실하게 연마해 간다면 커다란 성공과 명성을 가져다줄 장점이 당신에게는 반드시 있다. 문제는 그런 장점이 약점과 결점에 가려 빛을 발산하지 못한다는 것이다. 모처럼의 노력이 물거품이 되어 성공으로 이어지지 않는 것이다.

자신의 최대 장점을 깨닫고 그것을 개성으로서 소중히 키워가는 것은 대단히 훌륭한 일이다. 아무리 자신감을 잃었더라도 사람에게는 누구나 훌륭한 장점이 있다는 것을 잊어서는 안 된다. 그리고 그 장점을 연마하고 키워간다면 주변으로부터 인정을 받게 되고 스스로 자신감을 느끼게 될 것이다. 스스로 자책하며 패배자라는 생각이 들었을 때는 이 말을 떠올려 주기 바란다.

당신 안에는 신이 존재한다. 아직 완전히 성장하지 않은 신이 존재한다. 그리고 진실한 당신, 진정한 당신은 완벽한 존재이다. 이것만은 잊지 말기를 바란다. 이것을 뇌의 능력을 키우는 토대로 삼자.

당신이 본인을 하찮은 패배자라고 생각한다면, 울적한 마음에 사로잡히게 되어 자신감을 잃고 완전히 풀이 죽어 있다면 보람 있는 일은 결코 할 수 없을 것이다. 그렇게 된다면 스스로 자신의 가능성을 망쳐버리는 것과 같다.

생각했던 것만큼 성과가 오르지 않았다고 해서 스스로를 책망해서는 안 된다. 실패를 통해 얻을 수 있는 것은 대단히 많다. 장점을 찾아 소중하게 활용할 수 있도록 노력을 기울이자.

쉽게 말해서 "자신을 향상하는 것만 생각하라. 자신의 능력을 최대한 발휘할 수 있도록 항상 몸 상태를 최상으로 유지하라."라는 말이다.

몸과 마음은 밀접한 관계가 있다. 어느 한쪽이 어떤 영향을 받게 되면 또 다른 한쪽도 반드시 영향을 받게 된다. 기분은 표정과 태도로 드러난다고 하듯이 마음의 상태는 그대로 표정과 태도에서 드러난다. 가능하면 쾌활하게 행동하고 씩씩하게 웃자. 밝고 선한 표정을 하자. 그러고 나서 누군가에게 분노와 증오를 느끼려 해보라. 그것은 절대로 불가능하다는 것을 느낄 것이다.

그러므로 자신감을 잃었을 때나 자신이 하찮은 인간이라는 기분이 들 때는 그것과 정반대인 자신의 모습을 상상하자. 가능한 한 밝은 기분으로 풍요롭고 행복한 성공한 사람이 된 것처럼 행동하자. 동시에 그 마음을 표정과 행동에서도 드러나도록 노력하자. 그러면 깜짝 놀랄 변화가 일어나게 된다. 당신이 머릿속에서 연상했던 이미지가 점점 현실로 바뀌면서 단순히 느낌뿐이었던 것들을 실제로 음미할 수 있게 된다.

당신은 '또 하나의 나'를 알고 있는가?

뇌가 그 능력을 충분히 발휘할 수 있는 올바른 생활방식을 하는 사람은 극소수이다. 그런데도 어째서 내게는 정력적으로 새로운 것을 창출해 내는 힘이 없는 것일까? 강력한 정신력의 결여와 창조적인 능력이 없는 걸까? 왜 에너지가 부족한 것인지 의아해 하면서 고개를 갸우뚱한다. 그 원인은 우리의 삶의 방식과 음식에 있고 그 영향이 신경계 전체에 걸쳐서 명확하게 드러나 있다.

경마에서 상을 타기 위해서 조련사의 실력이 필요한 것과 마찬가지로 우리의 협력이 없다면 어떻게 뇌가 충분한 능력을 발휘하여 승리를 쟁취하기를 기대할 수 있겠는가? 지금의 생활이 매일 변하지 않고 평범하고 따분한 것은 본인 속에 감춰져 있는 능력을 키우려 하지 않기 때문이다. 먹고 사는 데 급급한 자신과 적당히 타협할 뿐 자신 속에 있는 가능성에 기회를 주지 않기 때문이다.

자신 속에 잠재되어 있는 더욱 큰 가능성을 키우지 않는다면 우리는 앞으로도 초라한 인간으로 생을 마감하게 된다. 볼품없는 작은 인간으로 평생을 살아야만 한다. 그러나 감춰져 있는 가능성은 우리에게 도움을 주기 위해 찾아주기만을 기다리고 있다.

영양이 없는 음식을 먹거나 과식을 하고, 식사 시간이 불규칙하거나 밤샘을 하여 수면 부족으로 신경에 부담을 준다면 잠재된 가능성을 성장시킬 수 없다. 그런 생활에서 부족한 것은 충분한 여유다.

적당한 기분전환, 훌륭한 영감의 자양분이 될 뇌의 자극이 부족하다. 초라한 자신에게 맞춘 삶을 살아서는 가능성을 끌어낼 수 없다. 그러나 더 훌륭한 자신을 발견한다면 명성을 반드시 거머쥘 수 있을 것이다.

당신의 내면에는 두 명의 사람이 존재한다. 그런데 당신은 둘 중에서 초라한 쪽밖에 모르고 있다. 훌륭한 자신과 힘을 합쳐 무언가를 한 적이 단 한 번도 없다. 그 존재에게 기회를 준 적이 없다. 그는 지금까지 줄곧 소리 죽여 당신 속에 숨어 있다. 그를 깨울 수 있는 적당한 자극이 당신에게는 없었다.

신체의 모든 세포를 충분히 활성화하고 있는 사람은 거의 없다. 그 원인은 잘못된 영양을 섭취하고 있기 때문이다. 뇌의 작용을 뒷받침해주고 있는 것은 혈액이지만 깨끗한 피를 만들어 주는 것은 좋은 음식뿐이다. 살아가는 데 있어서 중요한 것은 넘치는 활력이다. 활력이 없다면 뇌는 적극적으로 척척 작용할 수 없다.

혈액은 몸속을 흐르는 생명의 강이다. 한시라도 쉬지 않고 이 거대한 흐름의 주변에 있는 온갖 기관과 세포를 하나도 빠짐없이 휘감고 돌아

다시 원래의 자리로 돌아온다. 전신의 조직과 기관, 다시 말해 세포를 재생하기 위해 활력과 영양분을 모두 이 강이 운반하고 있는 것이다. 그러나 이 생명의 강이 더러워진다면, 그리고 외부로부터 충분한 운동 작용이 없거나 수면부족 때문에 노폐물이 쌓이게 된다면 혈액은 몸에 해가 되는 것을 공급하게 된다.

우리는 한 번의 식사에 너무 많고 다양한 음식을 먹고 있다. 그래서 각각의 소재가 가지고 있는 효과를 감소시키고 있다. 몸에 좋은 음식을 좋은 섭취 방식으로 언제나 정해진 시간에 알맞은 양만 먹는다면, 그리고 올바른 호흡과 근육을 적당히 움직여줌으로써 혈액에 충분히 산소를 공급해 주어 음식에 적당한 산화를 촉진해 주기만 한다면 혈액이 오염되지 않을 것이다.

혈액이 오염되면 신체의 활력이 저하되고 저항력이 떨어져 바이러스를 방어하지 못하게 된다. 다시 말해서 혈액을 깨끗하게 유지하지 않는다면 건강을 장담할 수 없게 된다. 혈액이 깨끗하지 않으면 간이 오염되고 신장에도 이상이 생긴다. 소화기의 기능도 저하되는 것은 물론이고 그 밖의 다른 기관도 정상적으로 작동할 수 없게 된다. 이런 상태로는 언제 병이 걸려도 이상할 것이 없다.

몸 표면보다도 몸속을 깨끗이 유지하는 것이 중요하다. 뇌에 최고의 에너지와 활력을 공급하고 싶다면 항상 혈액을 깨끗하게 유지하여 충분한 에너지와 활력을 공급해주어야 한다. 흐릿한 뇌에서는 흐릿한 사고밖에 떠오르지 않는다. 사고가 명확하지 않다면 용기도 잃게 된다. 자신감이 사라져 우울증에 걸리기 쉬워진다.

대부분 사람의 혈액은 소화되지 않는 조직이 흡수되지 않아 지나친 영향 공급으로 탁하게 더럽혀져 있다. 영양가도 없고 조직형성에도 도움이 되지 않는 조잡한 음식과 소화에 나쁜 음식이 만들어 낸 탁한 혈액은 당연히 전신에 해를 끼치게 되어 많은 능력을 빼앗겨 버린다.

　몸에 좋은 음식을 몸에 좋은 식습관으로 먹도록 노력하자. 혈액을 만들어 주는 것이 음식이라는 사실과 혈액은 생명 그 자체라는 것을 잊어서는 안 된다. 그리고 피를 깨끗하게 하기 위해서는 적당한 운동과 휴식을 취하도록 하자. 요컨대 올바른 생활습관의 기본을 충실히 실행하면 되는 것이다. 그러면 한 걸음 앞으로 나아갈 때마다 당신을 기다리고 있는 성공을 느끼게 될 것이다.

무엇을 먹느냐에 따라
당신의 인생이 보인다

앞에서도 말했던 것처럼 몸을 형성하기 위해 온갖 종류의 세포가 다양한 종류의 음식을 필요로 하므로 에너지의 원천이 될 수 있는지를 염두에 두고 음식을 깊이 음미하고 선택해야만 한다.

기력이 없어 의욕이 생기지 않는다고 한탄하는 사람이 많은 이유는 대부분 적절한 영양이 부족하기 때문으로 거의 아사 상태와 마찬가지다. 대부분의 사람이 불완전하고 영양이 부족한 곡물을 주로 먹고 있다. 이것은 채소나 과일에서도 마찬가지다. 완전히 숙성되기 전에 수확된 과일은 과즙이 적고 생명의 원천이 되는 영양분 또한 적다.

음식물에 잠재된 가장 큰 힘은 태양과 대지와 물이 만들어내는 위대한 화학반응으로 생성된다. 이 세 가지가 그러한 기적을 일으켜 생명의 원천이 되는 분비물을 만들어내지 않는다면 그 음식은 질이 나쁜 음식이 된다.

다음의 내용을 잊지 말고 반드시 기억하기 바란다. 우리의 혈액이 되는 음식이 우리를 살리고 있다. 혈액은 뇌를 만들고 에너지를 만들어 생명력을 유지한다. 음식은 우리의 생명 자체이고, 우리의 미래이자 행복이고 운명이기 때문에 옷을 고를 때보다 훨씬 더 신중하게 음식을 선택해야 한다.

충분히 숙성되지 않은 미완성의 농산물을 사용해서 식료품을 만드는 것은 범죄로 여겨야 한다. 질이 좋지 않은 식료품은 국민 생활의 질 자체를 저하하는 것이기 때문에 정부의 엄격한 관리를 통해 엄중한 처벌이 필요하다.

우리의 염원과 음식물이 밀접한 관계가 있다는 것, 다시 말해 자신의 염원을 이룰 수 있을지, 어떤 염원을 품고 있는지는 무엇을 먹는지에 달려 있다는 것을 이해하겠는가?

당신이 어떤 염원을 품고 있는지는 당신이 먹는 음식의 열량에서 추측할 수 있다. 미완성에 질이 조악한 음식을 먹고서 어떻게 많은 일을 하기 위한 힘과 에너지를 만들어 주기를 기대할 수 있겠는가?

주변을 살펴보면 일의 능률이 떨어지고 의욕조차 느껴지지 않아 자신의 능력의 십 분의 일밖에 발휘하지 않는 사람이 널려 있다. 그들은 혈액에 활력을 불어넣어 줄 힘이 있는 식사를 하지 않고 있다. 그들이 먹고 있는 음식으로는 적혈구를 충분히 만들어내지 못한다. 점심에 크림 파르페나 초콜릿 에클레어를 먹는 사무원이나 속기사는 업무 중에 실수가 잦다.

식사비를 아끼는 것은 매우 어리석은 일이다. 왜냐하면, 싸구려 음식에는 소화가 잘 안 되어 몸에 좋지 않은 온갖 종류의 재료가 사용되고 있기 때문에 질이 좋은 음식이라 할 수 없다.

예를 들어 밀밭에 어떤 병이 돌아 생육이 좋지 않은 밀이 열렸다고 하자. 그런 밀가루는 폐기처분을 해야 하지만 자루를 바꿔치기하여 몰래 팔려나가 식료품으로 가공되기도 한다.

싸다는 이유만으로 식자재를 고르는 것은 결코 현명한 방법이 아니다. 어쩔 수 없이 지출을 줄여야 한다면 식자재 이외의 것에서 줄여야 한다. 생명의 원천이자 뇌의 원동력인 것, 그리고 활기찬 삶을 제공해 주는 것을 아껴서는 안 된다. 이것은 인생의 자본이다.

무엇을 먹는가에 따라 당신이 어떤 삶을 영위할지가 결정된다. 많이 먹을 필요는 없다. 싸고 조잡한 곡물이나 과일로 배를 가득 채우는 것보다는 깊이 음미하며 먹을 수 있는 음식을 조금씩 천천히 씹어서 먹는 것이 훨씬 낫다. 음식은 비축된 힘을 혈액에 공급한다. 그러면 혈액은 음식물에서 흡수한 것을 뇌를 시작으로 모든 기관에 운반해 준다.

마음에 좋은 것과 몸에 좋은 것, 이 두 종류의 영양을!

나약해진 몸은 온갖 병의 원상이지만 영양의 균형이 잡힌 몸은 튼튼하므로 걱정할 일이 없다. 이렇게 안심할 수 있는 생명보험은 달리 없다.

평생을 걸고 해왔던 일의 최대 고비를 맞이했다고 하자. 그 사람이 뇌에 힘을 불어넣는 것이 음식이라는 사실을 전혀 고려하지 않은 채 가장 싸고 자신이 좋아하는 음식만을 지속해서 먹는다면 얼마나 안타까운 일이겠는가?

과거 유능한 변호사들이 중요한 재판에서 능력을 발휘하지 못한 채 고배를 마신 적이 있는데, 그것은 그들이 자신의 몸에 대하여 무관심하여 뇌에 필요한 에너지를 보충해줄 만큼의 연료가 부족했기 때문이다. 실제로 그들은 육류 중심으로 식사하였다. 고기는 육체노동에는 없어서는 안 되는 것이지만 신경과 뇌의 작용을 촉진해주는 영양소는 거의 포함되어 있지 않다.

스포츠 선수의 지도자들은 선수들의 몸 상태 조절을 위해 음식이 얼마나 중요한지를 잘 알고 있다. 미식축구와 야구, 복싱, 자전거를 비롯한 모든 경기의 톱 레벨에 있는 선수들은 음식에 충분히 신경을 써야 한다. 그런데 지적 스포츠맨을 자칭하는 사람들은 식사에 거의 신경을 쓰지 않고 있다.

근육이 일정한 영양소를 반드시 필요로 하는 것처럼 뇌 또한 그것을 지탱해주는 신경계에도 몇몇 영양소는 없어서는 안 된다는 사실을 그들은 모르고 있는 것 같다.

마음에 좋은 것과 몸에 좋은 것, 이 두 종류의 영양소를 섭취하기 위해 음식에 지나치게 신경을 써야 한다는 것은 아니다. 그러나 필요한 배려를 잊어서는 안 된다. 활발하게 움직이는 뇌와 건강하고 활력이 넘치는 몸 두 가지를 완벽하게 유지하는 것은 대단히 힘든 일이지만 음식에 조금만 신경을 쓴다면 이 두 가지를 모두 얻을 수가 있다.

CHAPTER 3

좀 더 활기차게
인생을 보내자

성공하기 위한 최대의
조건은 '의욕' 이다

기력의 유무는 건강에 대하여 생각할 때 틀림없이 중요한 문제이지만 그 외에도 사업상 성공 가능할지를 결정하는 중요한 열쇠가 있다. 기력의 충실도와 사업의 성공 확률은 비례한다고 해도 과언이 아니다.

활력, 다시 말해 기력이 넘치는 사람은 대체로 성공할 가능성이 높다. 반대로 기력이 없는 사람은 실패하기 쉽다. 왜냐하면, 자신과 성공과의 사이에 놓여 있는 장애를 쉽게 넘어서지 못하기 때문이다.

"저 친구, 의욕을 잃은 것 같아." 자주 접하게 되는 이 말의 뒤편에서는 얼마나 비참한 상황이 벌어지고 있을까?

신경세포가 활력을 잃었을 때 일을 추진하는 것이 얼마나 위험한지를 일에 쫓기고 있는 사람 중에서 그 사실을 이해하고 있는 사람은 거의 없다. 제대로 된 기술자라면 윤활유가 부족하다면 망가지기 쉬운 정밀 기계를 작동하려 하지 않을 것이다. 베어링이 마찰하여 열이 나기 시작되면 동시에 기계에 이상이 생겨 결국에는 귀를 찢는 듯한 마찰음을 내면서 망가지고 말 것이다.

그런데 인간의 몸은 상황이 다르다. 다른 것에 대해서는 사리 분별력이 있는 많은 사람이 제대로 청소나 주유도 하지 않은 채 육체라는 정밀기계를 작동하고 있다. 위대한 기계공인 신이 만든 놀랄 정도로 정교한 정밀기계는 대단히 망가지기 쉬워 아주 적은 먼지가 들어가거나 윤활유가 부족하기만 하더라도 며칠, 혹은 몇 주만에 몸 전체의 상태에 이상이 생긴다.

충분히 수면을 취하고 밖으로, 특히 교외로 나가 기분전환을 하는 것은 기계에 윤활유를 보충해주는 것과 마찬가지다. 이것은 자연이 제공해주는 훌륭한 위안으로 이것이 없다면 오랫동안 훌륭한 일을 해낼 수가 없다.

신경 전문가의 말에 의하면 뇌세포의 소모가 직접적인 원인이 되어 상당히 많은 자살로 이어지고 있다고 한다.

기분이 너무도 울적하다, 삶의 의욕이 없다, 이전에는 모든 것이 즐거웠지만 최근 들어서는 그렇지가 못하다, 산다는 것이 따분하다고 여겨졌을 때는 틀림없이 수면 부족이다. 교외로 나가거나 밖에서 몸을 움직이는 시간도 부족할 것이다.

이것만 해소된다면 삶에 대한 과거의 열정을 되찾을 수 있을 것이다. 2, 3일 공원에서 즐기거나 산에 오르면 머릿속에 가득한 불길한 예감들이 순식간에 사라지고 활달한 모습을 되찾을 수 있을 것이다.

적당히 먹고살 정도의 생활을 즐기며 살아 있는 것 자체가 무엇과도 바꿀 수 없는 은혜라는 것을, 머리를 써서 생각하고 몸을 움직여서 무언가를 할 수 있다는 것을 전혀 고마워하지 않은 사람은 어딘가 이상이 있는 사람이다.

강인한 육체를 만들자. 중년과 노년이 되어서도 젊었을 때처럼 온몸의 신경을 통해 살아 있는 희열을 느끼자. 들판의 목초지를 달리는 양이나 송아지처럼 검소한 생활 속에서 기쁨을 발견하자. 그리고 살을 에는 듯한 겨울의 혹독한 추위 속에서도 스케이트를 즐기는 아이들처럼 단지 살아 있는 것 자체를 즐기자.

승리의 여신은 '겁쟁이'를 싫어한다

　남들보다 뛰어난 능력을 타고났고 훌륭한 교육도 받았으면서도 그것을 제대로 살리지 못하는 젊은이들이 많다. 출세를 위한 모든 것이 갖춰져 있기 때문에 누구나 성공할 것이라고 믿어 의심치 않았다. 그러나 마음먹은 대로 되지 않는다. 몇 년이 지나도 진척이 없이 같은 곳만 맴돌고 있다.

　대단한 축복을 누리고 있는 것처럼 보이는데 뭔가 이상하다. 아까운 보물을 썩히고 있는 약점, 방해하고 있는 무언가가 있다. 그 때문에 성공의 계단을 오를 수가 없다. 이런 젊은이는 겉보기에는 좋지만, 시간이 맞지 않는 시계와 같다. 왜 시간이 맞지 않는지는 모르지만, 시계로서의 가치는 전혀 없다.

　시계는 수많은 부품으로 이루어진 매우 정교하고 망가지기 쉬우므로 고장이 나더라도 어디에 이상이 생겼는지 쉽게 파악하기가 어렵다.

　부품이 모두 작동을 하고 있기 때문에 정확하게 시간이 맞게 하기 위해서는 어느 한 군데라도 이상이 생기지 않도록 조정을 해야 한다. 실제로 일류 메이커에서는 이렇게 복잡한 부품들을 이용해 정확하게 시간이 맞는 시계를 만들 수 있다.

그런데 인간이라는 시계는 진짜 시계보다 훨씬 더 망가지기 쉽고 온갖 것들로부터 영향을 받기 쉽게 되어 있다. 만물 중에서 가장 정교하게 만들어진 인간의 육체가 이렇게까지 완벽하고 미묘하게 조정이 되어 있다는 사실은 얼마나 대단한 일인가? 그렇게 만들어져 있기 때문에 우리는 몸속에 퍼져 있는 장대한 상호의존의 네트워크를 구사하여 사고하고, 행동하고, 무언가 결과를 창출해낼 수 있다.

그렇다면 그중에서 서로 이해관계의 불일치와 마찰, 생명과 연관된 혼란이 거의 일어나지 않은가는 영원한 수수께끼다.

우리의 몸을 이렇게 면밀하게 조정하는 비결은 신경의 구조 덕분이다. 이것은 뼈와 다리, 근육, 힘줄, 근육, 신경, 사람의 의지와 연관된 보상 기능으로 신경의 구조에 의해 서로 타협하고 도우며 남는 에너지를 다른 곳에 융통해 주는 놀라운 구조로 되어 있다. 예를 들어 정신적으로 피곤할 때 맛있는 음식을 먹거나 하면 신경은 편안해질 기회를 얻는다.

신경이 주의신호를 보낼 때는 같은 일을 계속해서는 안 된다. 일의 성과도 오르지 않고 체력이 소모되어 이중의 손실을 보게 된다. 피곤한 채로 머리를 쓰는 일을 하게 되면 어떻게 되는지, 그 사례들은 어디서든 얼마든지 찾아볼 수 있다.

작가들은 피곤한 채로 집필하면서 팔다 남은 산더미 같은 책을 바라보며 왜 팔리지 않는 것일까 고개를 갸웃거린다. 그리고 휴식을 취하는 대신에 다음 책의 집필에 몰두한다. 피로에 지친 채로 몇 시간, 며칠을 밤을 새우며 써내려간다.

작품을 읽어보면 작가가 집필 중에 무엇을 느끼고 무엇을 말하고자 하는지 전혀 이해가 되지 않을 것이다. 그러나 정작 작가는 이런 사실을 깨닫지 못한다. 쉽게 말해서 작가가 피로에 지친 채로 완성한 글은 읽는 독자의 입장에서도 피로를 느끼게 마련이다. 뇌가 피로에 지쳐 있을 때, 혹은 무언가 이유가 있어 정신적으로 지쳐 있을 때 진행한 일은 다른 사람에게 전혀 자극되지 않는다.

뇌가 가장 창조적으로 작동할 때는 하룻밤 깊은 잠을 자고 눈을 뜬 직후이다. 낮 동안 몸을 움직이면 신경과 그 밖의 다른 조직이 파손된다. 뇌와 혈액 속에 이러한 찌꺼기가 서서히 증가하게 되면 신경중추에 위해를 입히게 된다. 그리고 결국 그 양이 한계를 넘게 되면 수면이라 불리는 지각마비 상태에 이르게 된다.

성공하고 싶다면 무엇보다 먼저 신경이 가능한 한 완벽한 작용을 할 수 있도록 해주어야 한다. 인품과 지성을 연마하는 것도 중요하지만 건강하고 활기찬 육체를 만드는 것도 중요하다. 제아무리 교양이 넘치더라도 활력을 느낄 수 없다면, 에너지를 발산할 수 없다면, 그리고 진취적인 기개와 기품이 없다면 그 사람에게는 매력을 전혀 느낄 수 없을 것이다.

제일 약한 것이 지는 것은 엄연한 자연의 섭리이다. 자연은 약한 것을 싫어한다. 건강하지 않고 나약한 것은 짓밟아 버린다. 건강은 자신감이자 희망이다. 건강해지면 이전과 비교도 되지 않을 정도로 자신감이 생기고 용기가 솟아난다. 자신이 뜻한 바와 사명을 믿게 된다.

무언가를 해내기 위해서는 신념이 없어서는 안 된다. 건강하다면 그만큼 기회가 늘어나고 가능성이 커진다. 실력을 발휘할 수 있게 되어 성공과 행복을 쟁취할 수 있다.

건강과 넘치는 활력을 쟁취할 수 있다면 그보다 멋진 일이 없을 것이다. 이것만 있다면 신체 건강, 두뇌 명석, 그 어떤 비상사태에서도 냉정하게 대처할 수 있는 정복자가 된 기분이 든다. 겁쟁이는 자신감을 잃어버릴 상황에서도 간단히 이겨낼 수가 있다.

활력이 있는지 없는지는 이 정도로 그 사람의 성공에 관하여 커다란 의미를 지니고 있기 때문에 모두가 건강을 귀중한 재산이라 여기며 함부로 상처를 입히거나 낭비해서는 안 된다.

허약하고 지병이 있으면서도 훌륭한 성공을 거둔 사람이 없는 것은 아니다. 그러나 그것은 예외에 지나지 않으며 예외가 있다는 것은 원칙이 있다는 증거이다.

'투윅커넘의 위대한 절뚝발이' 라 불렸던 알렉산더 포프, 소화불량의 토마스 칼라일, 작은 체구에 거의 맹인에 가까운 성 바울, 이 사람들은 위대한 영혼이 육체적 약점을 극복한 예이다. 카이사르, 파스칼, 넬슨 제독과 같이 허약하다는 약점에 지지 않은 불굴의 정신력을 가진 사람도 있다.

그러나 성공한 사람의 대부분이 매우 건강하다.

'건강한 육체에 건강한 정신이 깃든다.' 고 하는 로마 시대의 사상은 균형을 이룬 육체와 정신이라는 사상의 극치를 잘 표현하고 있다.

그러나 허약하다고 해서 실망할 필요는 없다. 병에 약한 식물도 튼튼하게 키울 수 있는 것처럼 건장한 육체를 만드는 것도 가능하다. 그것은 식물의 경우와 마찬가지로 빛과 공기를 잘 이용하고 적당한 영향 공급을 해주면 된다.

큰일을 하지 못하는 것도, 노력한 것에 비해 성과가 초라한 것도, 건강상태가 완벽하지 않기 때문이다. 체력이 떨어져 있기 때문이다. 평소에 최고의 업무가 가능할 수 있는 상태를 유지하고 있는 사람은 거의 없다. 그리고 충분히 능력을 발휘하지 못한 채 적당히 타협하고 말기 때문에 당연히 만족할 만한 결과를 얻지 못하는 것이다.

많은 사람이 우울한 삶을 사는 것은 대부분 이 때문이다. 최선을 다하지 않기 때문에 스스로 만족을 할 수 없고, 몸 상태가 완벽하지 않기 때문에 최선을 다할 수 없다. 이런 사람은 평균적인 상태에서 만족하거나, 무리하여 신경의 피로가 극에 달해 긴장의 끈이 끊어지거나 둘 중에 하나다.

가장 섬세하고 가장 튼튼한
'부품'의 활용법

우리 몸의 모든 기능이 서로 적당히 영향을 주고받으면서 문제없이 움직여 주지 않는다면 성공은 불가능하다는 것을 언제가 돼야 깨달을 수 있을까? 몸의 각 부분이 순조롭게 기능을 하고 있는지는 다른 부분의 상태와 깊은 연관이 있기 때문에 몸의 어느 일부분에 문제가 발생하면 원래의 능력을 발휘할 수 없다.

예를 들어 치통을 참으면서 일을 계속한다고 하더라도 업무 능률은 오르지 않은 채 본인만 지치고 말 것이다. 또한, 점심을 과식하여 소화불량이 일어나면 오후 내내 몸이 무겁고 퇴근 시간이 되면 완전히 지쳐버리고 말 것이다. 그 원인은 신경에 이중 부담을 주었기 때문이다.

몸은 물론 그 밖의 어디라도 신경이 쓰이는 것이 있다면 그 사이 줄곧 신경은 불쾌감을 호소하며 일의 능률을 떨어뜨린다.

얼마 전 나는 한 사무실을 방문한 적이 있었다. 문을 열고 안으로 들어서자마자 뭔지 모를 긴장감을 느꼈다. 표정이 밝은 사람이 한 사람도 없었다. 속기사는 뭔가 기분이 나쁜 듯 피곤한 표정이 역력했다. 뭐라고 정확하게 꼬집어 말을 할 수 없지만 무거운 분위기가 느껴졌다. 부장은 뭔가 고민이 있는 듯 안색이 안 좋았다. 나는 그에게 말을 걸었다.

"사업은 잘 되십니까?"
"잘 되고 있습니다."

곧바로 이렇게 대답을 하였지만, 완전히 형식적인 말투였다.

"무슨 일이 있나요?"
"일이라니요? 왜 그런 말씀을…."
"보아하니 여러분 모두 뭔가 걱정거리가 있는 것 같은 얼굴입니다."
"아, 아마 시끄러운 망치 소리 때문일 겁니다."

그는 그제야 웃으면서 말했다.

"길 건너편에 고층 빌딩 공사를 하고 있는데, 강철 볼트를 때려 박고 있습니다. 그래서 온종을 쿵쾅거리며 난리죠."

혹은 아침 출근길에 불쾌한 뉴스를 접했다고 가정해보자. 전혀 일할 의욕이 생기지 않고 우편물을 가지러 가는 발걸음조차 무거워진다. 그 원인은 단순히 생리적이다. 불쾌한 뉴스 때문에 그날 하루를 위해 비축해두었던 힘을 상징하는 새로운 신경세포를 파괴해 버리는 임펄스가 체내에서 방출된 것이다.

이런 불쾌한 자극은 외부이거나 체내에서 일어난 것이거나 대처법은 마찬가지이다. 의지의 힘을 총동원해서 그것으로부터 해방되자. 그런 것들 때문에 발목을 잡혀서는 안 된다. 반대로 우리가 그것의 발목을 잡아 버리자. 우리가 지면 질수록 상대는 더욱 거세게 발목을 부여잡고 기어오를 것이다.

신경이 온갖 자극을 느끼고 그것에 반응한다고 해서 그것을 간접적인 위협으로 받아들일 필요는 없다. 왜냐하면, 신경은 불쾌한 자극도 전달하지만 유쾌한 자극도 전달해 주기 때문이다. 그러므로 불쾌한 자극은 현명하게 받아넘기고 유쾌한 자극만 취하면 된다.

몸 상태가 좋을 때는 전혀 문제가 되지 않는다. 이 때문에 반드시 건강이 필수조건이다. 몸이 건강한 사람은 건강한 것 자체만으로도 이미 절반은 싸움에서 이긴 것과 마찬가지다.

업무나 개인적인 일에서 무언가 실적을 올리기 위해서 이렇게 하면 좋다, 저렇게 하는 것이 좋다는 소리를 듣게 되지만 그러기 위해서는 먼저 효율적으로 움직여주는 몸을 만들어야 한다. 다시 말해 가능한 기계와 장치, 그 외에 무엇이든지 가능한 좋은 것들을 갖춰놓고 그 일에 도전해야 한다.

시대에 뒤처진 기계나 폐기 직전의 설비로는 효율적으로 제품을 생산할 수 없다. 더군다나 최고의 결과를 얻기 위해서는 모든 것이 최고의 상태를 유지하지 않으면 안 된다.

사람의 경우에도 몸이 최고의 상태로 움직여주지 않는다면 능력을 발휘할 수 없다. 이 모든 것이 뇌에서 보내는 신호에 달렸지만, 그 에너지의 질은 원료가 얼마나 좋은지 나쁜지에 달려 있다. 쉽게 말해 우리가 먹는 음식, 호흡하는 공기, 혈액 속의 적혈구, 뇌와 신경과 근육의 질에 의해 결정된다.

뇌세포를 효율적으로 활용하고 싶다면 모든 생활 습관을 재검토해야 한다. 환기가 잘 되는 조용한 방에서 아무런 방해도 받지 않고 숙면을 취하여 피로를 풀고 활력을 되찾아야 한다.

뇌와 신경의 세포를 활성화하는 것이 일의 능률을 높이기 위한 기본이다. 올바른 식생활을 할 것, 밖에서 충분히 몸을 움직일 것, 충분한 숙면을 하는 것 또한 중요하지만, 자신에게 맞는 방법으로 건강한 기분전환을 하는 것을 잊지 말기 바란다.

하루의 업무를 마치고 어떤 기분으로 밤을 보내는가에 따라 깊은 숙면을 취하고 다음 날도 훌륭하게 업무를 수행할 수 있을지가 결정된다. 무엇을 생각하고, 무엇을 느끼고, 기분 상태가 어떤지에 따라 뇌세포의 움직임에 큰 영향을 끼치게 된다.

유쾌한 친구나 이웃, 풍요로운 자연환경, 행복하고 평화로운 가정, 인생에 대해 올바른 마음가짐, 애정이 넘치는 삶, 이러한 모든 것에 의해 뇌세포의 상태와 일을 할 때 활력의 충실도가 결정된다.

시간을 쫓는 사람은 시간에 쫓긴다

최근 한 논설위원이 우리 현대인의 생활에 대하여 쓴 사설에서 사람들의 무신경함에 대하여 비판하는 글을 적었다.

최근 2, 30년 사이에 세상에 나타난 발명품은 모두 우리의 생활 속도를 높이고 사람들을 일하는 기계로 바꾸어놓았다. 덕분에 우리는 50년 전에는 상상조차 할 수 없었던 빠른 속도로 지구 위를 허덕이며 달리고 있다.

현대의 직장인과 과거의 직장인을 비교해보면 쉽게 알 수 있다. 과거에는 여유롭게 마차를 타고 직장을 향하는 도중에 친구들과 인사를 나누며 갔다. 업무 중에는 동료들과 방문자들과 여유롭게 이야기를 나눌 수 있었다. 손으로 편지를 썼고 그 내용에서는 상대의 따뜻한 인품이 느껴졌다. 주변 사람 모두가 여유로웠기 때문에 불필요하게 시간에 쫓기는 일도 없었다.

불과 수십 년 전의 직장인들의 정신 상태, 신경의 안정도와 지금 직장인들을 비교해 보길 바란다. 지금은 거의 대부분 사람들이 1시간 정도 열차를 타고 가거나 자동차를 타고 심한 정체를 뚫고 가고 있을 것이다. 아니면 문명이 만들어낸 재난이라 해야 할 지하철로 갈지도 모른다. 그 소음, 악취, 끊임없이 들려오는 "서두르세요!"라는 귀에 거슬리는 외침.

직장이 있는 고층 빌딩에 도착하여 엘리베이터에 올라타면 순식간에 27층까지 올라간다. 사무실 문을 열면 '시대의 최첨단' 직장은 이미 정신을 차리지 못할 정도의 빠른 속도로 활동을 개시하고 있다.

자신에게 온 우편물은 이미 분리가 되어 책상 위에 놓여 있다. 모자를 걸자마자 곧바로 업무를 시작한다. 책상 위의 벨을 눌러 각 부서의 책임자들을 부른다. 손님들이 방문하기 시작하고 그중에는 급한 용건이 있는 사람도 있다. 그러는 동안에도 끊임없이 전화벨이 울려댄다. 이런 소동 속에서도 편지를 쓰고 급한 용건을 처리하지 않으면 안 된다. 그러나 속기사나 녹음기에 대고 이야기하고 있는 동안에도 끝없이 방해를 받아야 할 것이다.

실제로 이 사람은 부모 세대가 종일 걸려서 처리했던 일을 고작 한 시간에 처리하고 있다. 아니면 그러기 위해 노력하고 있다.

이렇게 시간에 쫓기며 온갖 편리 장치를 사용하여 노동시간을 단축하고자 하는 것일까? 아니다, 아마도 가능한 짧은 시간 안에 많은 돈을 벌려고 하는 것일 것이다. 그러나 그 때문에 생명이 10년은 단축된다.

Making Friends With Our Nerves

서두르기만 하면 '중요한 일'을
깨닫지 못한다

속도에 떠밀리고 있는 사업가들은 한가롭게 무언가를 즐길 여유조차 없다. 그렇게 고성능 자동차를 타고 최고 속도로 고속도로를 달리다가 해마다 수천 명이 목숨을 잃고 있다. 비행기를 타고 한 시간 안에 100마일이 넘는 거리를 이동한다. 모터보트를 살 때는 가장 빠른 것을 사고 싶어 한다. 극장에 가서는 이야기 전개가 빠른 것을 보고 싶어 한다. 댄스홀에서는 재즈를 즐긴다. 한밤중에 열리는 댄스파티가 왁자지껄하지 않으면 만족을 하지 못한다.

빨리, 더 빨리. 사람들은 일 년 내내 이렇게 외치고 있다. 그러나 시간의 흐름은 절대로 서두르지 않은 채 들고 있는 커다란 낫을 바라보며 날을 세우고 있다.

그렇다고 해서 그들을 비난할 수만은 없다. 그보다는 그들의 문제가 무엇인지를 명확하게 밝히는 것이 바람직하다. 아마도 의사들은 진행성 신경피로라고 하는 진단을 내릴 것이다. 그들의 신경은 그러한 어수선한 것에 익숙해져 있기 때문에 인제 와서 속도를 늦출 수는 없다. 이것은 비즈니스 판 전쟁신경증의 일종으로 복귀 군인을 괴롭히는 전쟁신경증에 뒤지지 않을 만큼 고통스러운 것이지만 정작 본인은 깨닫지 못한 채 서서히 진행되는 질환이다.

오스틴 리크스 박사는 이 문제에 대하여 다음과 같이 말하고 있다.

"현대를 살아가기 위해서는 1세기나 그 이전에 필요했던 것보다 훨씬 뛰어난 지혜와 높은 적응력이 필요하다. 생활 방식은 분명히 상승하였고 정신적 중압감도 커졌다. 너무나 많은 것을 하려고 하다가 생활의 질이 떨어지고 말았다."

이제 좀 알겠는가? 시간에 쫓겨 흥분된 상태에서는 마음의 균형이 깨져 귀중한 에너지를 많이 낭비하게 된다. 물이 가득찬 그릇을 머리 위에 올린 채 걸어가고 있는 모습을 상상해 보면 좋을 것이다. 차분하게 걷지 않으면 물을 흘리고 말 것이다. 마음 또한 마찬가지이다. 무슨 일이 일어나더라도 당황하지 말고 침착하게 해결하지 않는다면 가지고 있는 에너지를 흘리고 말 것이다.

앞으로 가는 것에만 집중하지 말고 속도를 늦추는 것도 배워야 한다. 팽팽하게 긴장된 신경이 더는 버티지 못할 것이다. 순간적으로 화가 날 때마다, 초조하여 짜증이 날 때마다, 그리고 시간에 쫓겨 서두를 때마다 자신을 제어할 힘을 잃어가게 되는 것이다.

냉정함이란 어느 한쪽으로 치우쳐 있는 사람에게서는 엿볼 수 없는 소질 중의 하나이다. 모든 소질과 능력이 합쳐져야 가능한 것으로 건강하다는 증거이다.

항상 냉정함을 유지하자. 안달복달하는 것은 남들에게 맡겨버리자. 무슨 일이 있더라도 동요해서는 안 된다. 초조함과 중압감에 무너져 냉정함을 잃어서는 안 된다. 남들이 흥분하여 이리저리 날뛰고 있더라도 냉정함을 유지하자. 그것이 바로 이기는 것이다.

냉정하고 동요하지 않는 인물이라는 평가는 기적을 일으킬 것이다. 짜증을 내며 차분하지 않은 사람은 흥분하기 쉬운 것은 물론이고 실패도 많이 한다. 에너지를 절약하여 효과적으로 활용하는 것은 냉정하고 동요하지 않는 사람들의 장점이다.

모건 기업의 창시자 J. P. 모건은 태연자약함의 좋은 모범이 되는 인물이다. 그가 냉정함을 잃었다는 이야기는 들은 적이 없다. 서두르지 않고 조용하게 어떤 상황에서도 최선의 길을 선택하는 분별력을 잃지 않는다. 그것이 그에 대한 일반적인 평가이다.

자신에 대하여 전혀 모르고 있는 사람이 많다. 이런 사람들은 남이 하는 일에 일일이 참견을 한다. 아무래도 모든 것이 자기 생각대로 되고, 자기가 세상을 움직이고 있고, 주변 사람 모두를 지배하지 않으면 안 된다고 여기고 있는 것 같다.

그들은 에너지를 낭비하고 있다. 자연의 순리를 거스르며 원래 자기가 해야 할 일이 아닌 것에 모든 힘을 낭비하고 있다. 그 결과 진정한 자신을 찾지 못하는 것은 물론이고 하고자 했던 일 또한 해내지 못한다. 항상 서두르기만 하면서 조용하게 생각할 시간을 잠시도 갖지 않는다. 자기 영혼과의 교류를 통해 원기를 배양시킬 여유조차 없다.

내가 알고 있는 한 여성은 "지금까지 서두르지 않으면 안 된다고 생각하지 않은 적이 없어요."라고 했다. 그녀의 눈앞에는 항상 거대한 "~해야 한다."라고 하는 글씨가 새겨져 있어 아침부터 밤까지 그녀를 자극하였다. 때문에 무슨 일을 하더라도 마치 뒤에서 강도가 쫓아오기라도 하듯이 초조하고 불안했다고 한다.

그러나 이 상태로는 가치가 있는 일을 전혀 할 수가 없다. 시간에 쫓기는 습관이 인생을 망쳐버린다. 능력을 제대로 발휘하지 못한 채 결실이 없는 인생으로 삶을 마감하게 될 것이다. 업무 중에 항상 초조해 하고 신경질적인 사람, 초조함과 불안함에 사로잡혀 있는 사람은 결코 큰 성과를 거둘 수가 없다. 허둥지둥 서두르는 것은 강인함이 아니라 나약함의 증거이다.

강인함은 소리 없이 흐르는 큰 강과 같다. 반면에 나약함이란 얕고 폭이 좁은 개울물과 같은 것으로 물보라를 일으키며 소리를 내며 거칠게 흐르고 있지만, 물의 양이 적기 때문에 작은 장애물만 있더라도 쉽게 막혀 그 흐름의 방향이 바뀌고 만다.

고요한 영혼에는 인생의 결실을 보게 해줄 강인함이 있다. 차분하지 못하고 항상 초조함과 불안함에 휩싸이는 영혼은 그 힘을 헛되이 낭비하고 있다. 그런 사람은 항상 자신의 마음에 휘둘리기 때문에 나약한 것이다. 모든 것에 소극적이고 자신감을 잃기 쉽다. 그리고 쉽게 초라한 기분에 사로잡혀 괴로움에 몸부림친다.

인생을 황급히 서두르며 달려간 탓에 스스로 마음이라는 왕국의 지배자가 되지 못한 사람은 분노, 증오, 질투, 복수, 낙담, 우울, 불안, 근심, 방황, 절망 등 건설적이지 못한 감정에 쉽게 지배를 당하고 만다.

그러나 이런 인류의 적들을 내버려둔다면 대단히 위험한 결과를 초래하고 만다는 사실을 거의 모든 사람이 깨닫지 못하고 있다. 이런 감정이 육체에 해를 입히고 활력을 앗아간다는 사실을 확실하게 깨닫는다면 우리는 더는 그런 감정 때문에 괴로워하지 않을 것이다.

이러한 감정에 사로잡히게 되면 마음의 평화가 깨지고, 에너지를 낭비하고, 통증에 괴로워하고, 마음과 육체 신경까지 나약하게 만드는 결과로 이어진다. 순간적으로 화가 치밀 때마다, 근심거리를 찾아 끙끙 앓을 때마다, 남을 부러워하거나 경멸하며 증오할 때마다, 자기 자신에게 깊은 상처를 남기는 것이다. 자신의 몸에 독을 퍼뜨리고, 마음의 평화를 깨뜨리고, 성공의 기회를 놓치고 있다.

자기 자신의 주인이 될 수 있는 여유조차 없을 정도로 맹렬한 속도로 마음과 몸과 신경을 재촉해서는 안 된다. 초조한 마음의 노예가 아니라 주인이 되어야만 한다.

'오후의 슬럼프'는 왜 생기는 걸까?

오후가 되면 근로자들의 능률이 급격하게 떨어진다는 이야기를 자주 접하게 된다. 오전 중에는 쾌조지만 3시쯤부터 업무 능률이 떨어지기 시작한다. 그 원인의 하나는 수면부족이다. 오후의 근무 시간이 반쯤 끝난 상태에서 한계에 도달해 능률이 떨어지기 때문에 일과가 끝날 무렵과 오전을 비교하면 그 차이가 크다.

또한, 쉽게 피곤하고 기력이 지속해서 유지되지 않는다면 그 원인을 두 가지로 생각할 수 있다. 활력이 부족하거나 혹은 영양섭취에 문제가 있거나 둘 중에 하나이다.

활력이 부족한 것은 피로물질의 축적 때문이다. 단순히 같은 일을 장시간 반복했기 때문일 수도 있기 때문에 가능하다면 이따금 종류가 다른 업무를 통해 기분전환을 하는 것도 좋은 방법이다. 실제로 이것만으로도 모든 문제가 해결되는 경우도 적지 않다.

점심시간을 잘 활용한다면 오후의 능률 저하를 막는 데 큰 도움이 된다. 약간 빠른 걸음으로 산책을 하거나 점심시간만이라도 업무에 관하여 완전히 머릿속에서 지워버린다면 오후부터는 다시 새로운 기분으로 업무에 복귀할 수 있다. 반대로 점심시간에도 업무에 관한 이야기만 하다 보면 머리와 신경세포에 피로회복의 시간을 줄 수 없다.

점심으로 무엇을 먹는가는 오후부터의 업무 능률과 깊은 관계가 있다. 기름진 음식을 뱃속에 가득 채워 넣는다면 소화를 시키는 데 두세 시간이 걸린다. 다시 말해 뇌와 그 외 기관의 혈액을 소화를 시키기 위해 위에 양보해야만 한다. 또한, 소화가 잘 안 되는 음식을 먹어 소화불량을 일으키는 경우도 있다. 그렇게 되면 식후 두 시간도 채 되지 않아 위장 작용이 둔해져 그 사실이 신경을 통해 다른 기관에 전달되면 업무 부진으로 이어지는 것이다.

잠재된 자신의 뛰어난
자질을 끌어내기 위해

우리는 몸에 좋지 않은 음식을 먹거나 마시는 것과 마찬가지로 몸에 좋지 않은 생활습관이 몸에 배어 있지만, 그 사실을 충분히 이해하고 있는 사람이 과연 얼마나 될까?

식사 시간이 불규칙한 것과 정기적으로 운동하지 않는 것, 쉽게 분노하거나, 자아를 잃거나, 시간에 쫓기는 것 모두가 몸에 나쁘다는 것은 잘 알고 있다. 지나친 흡연, 지나친 커피 음용, 이것저것 마구 과식하는 것, 지나친 지방 섭취가 좋지 않다는 것도 잘 알고 있으나 아무도 고치려 하지 않는다.

쉽게 피곤한 것은 어딘가 이상이 발생했기 때문이다. 그것은 정상상태라고 할 수 없다. 제 일에 만족한다면, 성격에 맞는다면, 또한 정신적으로 안정되어 있다면, 희망이 넘치고 활기가 넘친다면 모든 것을 밝게 생각할 수 있을 것이다. 모든 것이 순조롭고 행복하다면 결코 피로를 느끼지 못할 것이다.

대부분의 사람이 뭔가 방법을 찾으려 하지 않은 채 만성적인 피로감에 고통을 받고 있다. 이런 종류의 피로감은 수면과 운동부족, 혹은 올바른 사고방식이 몸에 배어 있지 않기 때문으로 노폐물이 체외로 배출되지 않고 축적되어 발생한다. 몸과 마음 중에 어느 하나의 상태가 나빠지게 되면 그 영향이 다른 모든 곳에 영향을 끼친다.

신선한 공기를 호흡하고 몸을 움직여 기분전환을 하는 것은 피곤한 신경과 둔해진 머리 회전을 치료해주는 좋은 진정제가 된다. 그 효과는 절대적이다. 점심시간에 산책을 하면서 심호흡도 시험해 보기 바란다. 오후 근무시간이 반쯤 끝났을 무렵 5분 정도 책상에서 벗어나 열린 창가 앞에 서서 깊이 숨을 들이마시면 놀라 정도로 효과가 있다.

오후에 업무 능률이 떨어지는 또 하나의 원인은 그 뿌리가 훨씬 깊다. 그것은 바로 타성에 젖어 있는 것이다. 우리의 머리는 서서히 요령을 피우게 되고 신경세포의 작용도 둔해진다. 다시 말해 에너지는 손도 대지 않은 채 남아 있는데도 일하기 싫다는 생각에 요령을 피우며 일을 하게 되는 것이다.

콜롬비아 대학의 프레더릭. S. 리 박사는 《피로란 무엇인가?》라는 저서 속에서 이 문제를 실로 정확하게 표현하고 있다.

"생리학 연구의 발전과 함께 원형질에는 대단히 큰 힘이 있고 인간의 몸에는 위대한 능력이 있다고 하는 인식이 점점 확산하고 있다. 우리가 기력을 되찾을 수 있을지, 기운을 되찾은 뒤에 자신의 힘을 최대한으로 활용할 수 있을지는 본인의 의지에 달려 있다.

어떤 일을 달성하기 위한 기회를 충분히 활용하고 있는 사람은 거의 없을 것이다. 우리는 조금만 피로를 느껴도 게으름을 피우려 한다. 설령 부모로부터 남들보다 뛰어난 소질을 물려받지 못했다고 하더라도 마음만 먹는다면 더 많은 사람이 영국의 산악인 웨스턴과 같은 인내력, 혹은 다윈과 같은 통찰력, 우리나라 외교관 해리먼과 같은 명석함, 북극 탐험가 피어리와 같은 결단력, 루스벨트 대통령의 성공에 대해 강한 욕구 등의 훌륭한 자질을 발휘할 수 있을지도 모른다.”

윌리엄 제임스는 《인간의 에너지》라는 제목의 매우 훌륭하고 재미있는 논문 속에서 다음과 같이 적고 있다.

“인간은 일반적으로 자신이 갖춘 능력의 작은 일부만을 사용하며 살고 있다. 온갖 능력을 그냥 썩히고 있다. 전력을 다하고 있지 않다. 심신의 기본적인 능력에서, 또한 협력성과 자기를 억제하는 능력 등 모든 점에서 히스테리 환자들이 시야의 협착을 일으키는 것처럼 인생의 폭이 좁아져 있다.

불쌍한 히스테리 환자의 경우에는 병에 걸렸기 때문에 어쩔 수가 없다. 그러나 보통 사람의 경우에는 오랜 습관, 전력을 다하지 않는 습관에 지나지 않는다. 우리는 단순히 습관 때문에 피로감이 일정 단계에 도달하는 순간 노력을 멈추어 버린다. 그러나 실제로는 훨씬 더 큰 힘을 힘들이지 않고 발휘할 수 있다.”

앞에서 말한 리 박사는 계속해서 이렇게 말하고 있다.

"그러므로 훈련을 하는 것이 중요하다. 그 대상이 아이든 어른이든, 또한 단련하는 것이 운동능력이든 사고 능력이든 간에 훈련이란 주로 해로운 피로물질에 대한 저항력을 키우는 것이다. 그것은 서서히 복용하는 약의 양을 늘려 약의 독성에 대한 면역을 키우는 것과 비슷하다. 육체의 단련에서도 기본은 일반 교육과 마찬가지다.

아이에게 근면함을 몸에 익히게 하는 것은 모든 교육제도의 목적 중 하나로 들고 있지만, 이 근면함은 피곤하기 쉬운 것과 반대되는 것으로 후천적으로 생겨난 피로물질에 대한 저항력이 된다는 것이다."

지성과 상상력의 피로를 풀어주기 위해

어떤 일을 하든 그 일만 오랫동안 계속하면 피곤해진다. 몸이 피곤하다면 쉽게 느낄 수 있지만, 머리가 피곤하면 쉽게 깨닫지 못한다. 그러나 머리 또한 몸 일부이다. 혈관과 세포조직과 신경이 서로 협력하여 사고라고 부르는 것을 만들어낸다.

사실 본인이 의식하든 아니든 간에 관계없이 눈을 뜨고 있을 때는 계속 무언가를 생각하고 있다. 말 그대로 수천 개의 이미지가 속속 뇌의 감광판에 각인되고 있다. 미래에 이용하기 위해 저장해 두는 것이 있는가 하면 곧바로 버려지는 것도 있다. 잠재의식이라고 하는 창고는 가늠하기 불가능할 정도로 대단히 크다. 그리고 이것이 '꿈을 그려내기 위한 소재'가 된다.

이 복잡하고 정교하게 만들어진 뇌라는 기계도 다른 기계와 마찬가지로 이따금 휴식을 취하지 않으면 안 된다. 지나치게 오랫동안 혹사를 당하게 되면 여기저기 고장이 나서 머지않아 움직이지 못하게 되기 때문이다. 뇌에 있어 최대의 적은 단조로움이다. 밤낮없이 똑같은 일을 계속하는 것은 아무리 건강한 뇌라도 견디지 못한다. 예를 들어 끝없이 펼쳐진 밀과 옥수수밭을 바라보며 매일 똑같은 집안일을 묵묵히 하고 있는 농가의 주부는 정신병을 예약하고 있는 것과 마찬가지이다. 생활에 좀 더 변화를 주지 않는다면 어두운 얼굴을 하며 우울증에 빠지게 될 것이다.

업무 자체가 그리 단조롭지 않고 뇌를 따분하게 만들지 않는 것은 간단하다. 말하자면 마음의 휴가를 취하기만 하면 된다. 내가 알고 있는 한 여성은 이렇게 말하고 있다.

"나는 내 몸에서 벗어나지요. 몸을 잠시 쉬게 하는 사이에 저는 생명의 세탁을 하는 거예요."

그녀는 이따금 마음의 여행을 즐기는 것으로 기분전환을 하는 것이다. 예를 들어 이전에 여행을 갔을 때를 회상하며 당시에 찾아갔던 미술관을 다시 가보고 외국의 거리와 공원과 정원을 거닐고 있다고 상상하는 것이다.

"멋진 미술관을 돌며 수많은 미술품을 감상하지요. 마치 정말로 그곳에 있는 것처럼 말이지요. 그러면 실제로 이리저리 미술관을 찾아다니며 지치는 일도 없으니까요."

육체라는 껍질을 벗어던지고 과거에 여행 갔던 곳을 다시 한 번 방문한다는 생각으로 지성과 상상력의 피로를 풀어주는 것은 정말로 훌륭한 생각이다. 어린 시절을 보낸 고향 마을의 농장을 회상하는 것도 좋다. 어릴 적 봤던 풍경은 최근에 일어났던 일보다도 또렷하게 기억에 남게 마련이다. 잠시 추억에 젖다 보면 머리도 마음도 다시 기력을 되찾게 될 것이다. 이런 식으로 간단한 마음의 여행을 익혀 둔다면 작은 피로 정도는 대부분 쉽게 풀어줄 수 있다.

밝고 긍정적으로 생각하도록 한다, 장래의 목표를 가진다, 공상에 젖는 것 또한 같은 효과를 얻을 수 있다. 기운이 나고 삶의 의욕이 되살아나는 작고 간단한 기분전환 방법은 얼마든지 있다.

뉴욕에 사는 한 여성은 시간이 날 때마다 뉴욕 교외의 롱아일랜드 만에 접해 있는 마을로 간다고 한다. 편히 쉴 수 있는 안락한 호텔 방을 잡고 한가롭게 쉬면서 피로를 풀어 준다. 하고 싶은 일을 하고 해안가를 산책하면서 기력을 되찾은 뒤 되돌아온다. 그녀는 이렇게 피로를 풀어주지 않았다면 좀 더 일찍 지쳐버렸을 것이라고 했다.

모든 것에서 벗어나기 위한 이 작은 여행은 신이 주신 선물이다. 그녀가 어디로 갔는지는 아무도 모른다. 누구나 그녀처럼 할 수 있을 수는 없을 것이다. 그러나 배나 열차를 타고 여행을 떠날 수는 있다. 이것만으로도 피로를 풀어주고 다시 기운을 차려 새로운 마음으로 업무에 충실할 수 있다.

상상력이 피로를 풀어주는 데 얼마만큼의 힘이 있는지는 독서를 좋아하는 사람이 독서를 거의 하지 않는 사람보다 성공 확률이 높다는 것만 보더라도 알 수 있다. 독서를 즐기는 사람은 여유롭게 휴식을 취하면서 기억이라는 풍요로운 보물을 활용할 수가 있다. 반스나 스티븐슨의 음악적인 시 한 편을 암송하거나 뒤마나 스콧의 장대한 모험 속으로 빠질 수도 있다.

음악 애호가라면 이전에 봤던 훌륭한 오페라를 떠올리며 잡다한 번거로움에서 벗어날 수 있다. 물론 깊은 숙면을 취하여 몸과 마음의 피로를 완전히 풀어주는 것보다 좋은 것은 없지만, 그럴 수 없는 때라도 이런 식으로 잠시 상상의 세계에서 즐기는 것만으로도 심신의 해방감을 충분히 만끽할 수 있다.

인생의 휴식, 뇌세포를 자극해 주는 치유의 시간

　자연의 규칙을 깨는 사람은 그가 설령 일국의 왕이라 할지라도 그 대가를 치러야만 한다. 심한 긴장과 부담을 느끼면서도 그것을 깨닫지 못한 채 과로를 하는 사람도 적지 않다.

　역사가 중에는 나폴레옹이 워털루 전투에서 패하고 황제의 자리에서 쫓겨난 원인을 과로 때문이라고 지적하기도 한다. 전투가 벌어지기 전날 나폴레옹은 충분한 휴식을 취하지 못했다. 그 결과 운명의 오후, 그릇된 명령을 내리고 말았다는 것이다.

　무엇이든 최선을 다하여 정열적으로 몰두하는 것은 훌륭한 일이지만 그 일 자체에 휘둘려서는 안 된다. 시작한 일을 끝내겠다고 결심하게 되면 지나치게 긴장을 하게 된다. 복잡하기 이를 데 없는 신경계를 함부로 대하여 정확한 신호를 송출할 수 없는 상황에 빠뜨리고 만다. 일단 그런 상황에 닥치게 되면 정상 상태로 되돌아갈 때까지는 몇 달이 걸린다.

'열심히 공부하고, 열심히 놀자.' 라고 하는 말은 예나 지금이나 변함 없는 진리이다. 쉬는 시간을 아까워하며 뇌를 혹사하면 뇌는 점점 둔감해진다. 그럴 때는 환경과 업무 자체를 바꿔 긴장을 풀어주어야 한다. 그러면 뇌에 새로운 힘이 되살아난다.

내가 이따금 점심을 먹으러 가는 뉴욕의 한 유명한 클럽의 흡연실에는 도미노 테이블이 준비되어 있어 매일 저명한 정·재계 인사 등, 사상과 산업 분야의 거물들이 30분 가까이 진지하게 도미노 게임을 하는 모습을 볼 수 있다. 대체 왜 그러고 있는 걸까? 사실 이것은 그들의 휴식의 하나이다. 오후의 업무에 대비하여 뇌세포와 신경세포에 자극을 주어 피로를 풀어주고 있다.

또한, 체커 게임을 즐길 수 있는 테이블을 갖추고 있는 클럽도 있다. 다만 나는 체커는 너무 재미있어 빠져들기 쉬우므로 기분전환이 되지 않을 것 같다고 생각한다. 이 게임은 체스에 뒤지지 않을 만큼 집중력이 필요하여서 잠시나마 일에 대한 걱정을 잊을 수가 있다. 쉽게 말해 게임을 하는 동안은 일할 때와는 전혀 다른 신경을 활용할 수가 있다.

당구를 즐기는 클럽도 있다. 이 게임의 장점은 일할 때는 전혀 사용하지 않는 체력과 근육의 미묘한 움직임이 요구된다는 것이다. 거기에 공의 움직임을 계산하는 능력과 통찰력도 필요하고 시력과 운동신경을 적절하게 움직이지 않으면 안 된다.

이런 클럽을 가끔 방문하는 사람은 클럽 회원들을 게으른 사람이라고 여길지도 모르지만 실제로는 반대인 경우가 더 많다. 그들은 오후 2시까지는 사무실로 돌아간다. 그리고 그때쯤이면 몸과 마음이 가벼워져 다음 업무에 대처할 수 있는 태세를 갖출 수 있게 된다.

점심을 배가 부를 정도까지 먹고 가만히 앉아 있는 생활은 이제 그만 두자. 그보다는 80% 정도만 식사하고 남은 시간은 기분전환에 할애하는 것이 좋다.

워싱턴에서 열리는 디너파티는 호화스러운 것으로 잘 알려졌는데, 어느 저명한 상원 위원은 연방의회의 의원들의 건강 상태가 좋지 않은 것은 유혹을 뿌리치지 못한 것이 가장 큰 원인이라고 지적하였다. 고향에 서는 능력을 발휘했지만, 워싱턴에 온 이후로는 현재의 위치에 만족하는 사람이 많다.

의원들은 자신의 건강을 소홀히 하거나 과신하는 것이 자신의 정치력에 큰 손해를 끼치고 있다는 사실을 깨닫지 못하고 있다. 과감하게 일을 처리할 수 있을지는 건강에 달려 있다는 것을 모르고 있다. 건강을 해치면 온갖 병에 걸리기 쉽고 정확한 판단을 내릴 수 없게 되어 지금까지의 경력이 수포로 돌아갈 수 있다는 것을 모르고 있다.

체내의 모든 세포가 활기차지 않는다면 실력을 100% 발휘할 수 없다. 생동감이야말로 세포의 생명이다.

사람들은 체내에 활발한 세포가 많지 않다. 뇌세포도 체세포 모두 대부분이 활달한 상태라고 할 수 없다. 그 때문에 신경도 피로에 지쳐 있을 수밖에 없다. 반대로 모든 세포가 활달한 사람은 에너지도 충분하고 의욕도 충분하다. 그런 신체를 유지해야 하는 것은 당연한 일이다.

세포의 거의 반이 활력이 없는 사람은 에너지도 의욕도 부족하다. 생명력이 부족하다. 강인한 인상도 주지 못하고 기백도 느낄 수 없다. 왜냐하면, 그 근본이 되어 주는 것이 없기 때문이다.

과학적인 지식에 근거한 올바른 생활을 보내지 않는다면, 최고의 몸 상태를 유지하지 않는다면 체내의 모든 세포를 활발하게 유지할 수 없다.

우리는 용기가 넘치는 것이 건강에 달려 있다는 사실을 깨닫지 못하고 있다. 아침, 상쾌하게 잠에서 깨어 맑은 머리로 씩씩하게 하루를 시작할 때의 '해내겠어!' 라는 마음을 먹지만 완전히 지쳐버린 밤이 되면 그런 마음은 생기지 않는다.

기분이 좋으면 뭔가를 해내겠다는 의욕이 생긴다. 그때는 진심이었고 곰곰이 생각한 결과지만, 밤이 가까워져 피곤해지면 체력도 머리 회전도 느려지므로 정말로 해낼 수 있을지 의문을 품게 된다.

아침과 비교해서 사고능력이 떨어지고, 기력도 떨어져 모든 것을 긍정적으로 생각할 수 없게 된다. 불안과 고민이 마음속을 파고들어 점점 자신감을 잃게 되면서 이런 소리가 들리기 시작한다.

"잘 생각하는 게 좋아. 생각 없이 시작하지 않는 게 좋아. 서두를 필요가 없어. 실패하고 싶지 않잖아!"

다시 말해 피로를 느끼자마자 갑자기 자신감을 잃는 것이다. 고민하게 되고 바보 같은 짓을 했다는 생각이 들기 시작한다. 우유부단한 버릇은 이렇게 해서 생기게 되는 것이다.

인간의 몸은 온갖 본능과 욕구의 지배를 받고 있다는 의미에서는 동물 그 자체라는 사실을 항상 염두에 두어야 한다. 그리고 마음은 몸의 상태, 다시 말해 뇌를 시작으로 모든 기관이 정상적으로 작동하고 있는가에 따라 강하게 영향을 받고 있다.

몸을 혹사하면 마음도 병이 생긴다. 당시에는 깨닫지 못하더라도 언젠가 그 대가를 치르게 될 것이다. 자연은 저절로 빚을 청산해 줄 만큼 너그럽지 않다.

단순히 저돌적으로 전진만 한다고 성과가 오르는 것은 아니다. 그것을 착각해서는 안 된다. 냉정한 판단력으로 속단하지 않도록 제어해야만 한다. 그리고 그 판단력이 제대로 작동하고 있는가는 몸 전체가 활달하게 기능하고 있는지에 달려 있다.

Making Friends With Our Nerves

'능력'은 '뇌력(腦力)'을 말한다

하루의 업무를 마치고도 활력이 넘치는 사람은 어떻게 그럴 수 있는 것일까?

예를 들어 두 명의 사무원이 함께 일하고 있다고 하자. 전날 밤, 두 사람은 같은 시간만큼 잠을 잤다. 그런데도 한 명은 수도 없이 손을 입에 대며 하품하다가 오후가 되어서도 거의 일하지 못할 정도인데 다른 한 명은 업무가 끝날 때까지 출근했을 때와 변함없이 활기가 넘친다.

지금까지 자신의 뇌와 신경계 속에서 무슨 일이 벌어지고 있는지, 혹은 몸의 모든 기관이 어떻게 작동하고 있는지를 한 번이라도 생각해 본 적이 있는가? 앞에서 말했던 것처럼 몸은 보일러이고 음식은 연료와 같다. 이에 대해 스텐퍼드 대학의 마틴 교수는 이렇게 말하고 있다.

"보일러 점검을 담당해 본 사람은 잘 알겠지만, 재를 제거하지 않고 석탄을 계속 때다 보면 결국은 재가 쌓여 불이 붙지 않게 된다. 인간의 몸도 보일러의 원리로 기능하고 있기 때문에 손이나 머리 등을 장시간 계속해서 사용하다 보면 재가 쌓여 불길이 약해진다. 이 경우를 '노폐물'이라 부른다. 이것이 바로 피로이다.

이 노폐물을 계속해서 제거하는 것이 바로 혈액의 일이다. 한 방울의 피가 30초도 되지 않아 전신을 한 바퀴 돌면서 미세한 노폐물을 모아 재빨리 간이나 폐 등의 배출기관으로 운반하여 버린다.

노폐물이 만들어지는 것과 똑같은 빠르기로 혈액이 그것을 제거해 주기만 한다면 우리는 결코 피로를 느끼지 않을 것이다. 그런데 실제로는 노폐물이 축적되면서 근육과 신경이 피로해진다. 신경이 근육보다 먼저 피로를 느끼는 것은 신경세포가 근육보다 민감하기 때문이다."

예를 들어 심장을 혹사하면 혈액의 작업 속도가 느려져 노폐물이 충분히 제거되지 않는다. 그러면 여기저기서 기관이 피로하게 되어 신경은 항상 긴장상태에 놓이게 되면서 신경절의 기능이 저하된다.

또한, 종일 똑같은 일을 계속 해야 하는 경우에도 같은 자극만 지속하기 때문에 신경은 피로해진다. 일 때문에 단조로워질 수밖에 없지만, 잠재의식을 자유롭게 활동시킴으로써 피로를 막을 수 있다. 한 베테랑 회계사는 끝없이 숫자를 기계적으로 계산하면서 잠재의식은 온갖 몽상에 젖는다고 한다.

'오전의 재능'은 '오후의 노력'보다 뛰어나다

오전에 더 능률이 높다면 반드시 그 시간에 중요한 업무를 처리해야 한다. 정해진 잡무들은 오후를 위해 남겨 놓으면 된다.

나는 당대 최고의 작가 중의 한 사람이면서 정말로 힘이 넘치는 사람을 알고 있다. 그는 오전 중에 작업실로 가지만 곧바로 창작활동을 시작하지는 않는다.

책상을 정리하고, 업무 관련 편지를 읽고, 오랫동안 내버려뒀던 친구의 편지에 답장을 쓰고, 전날 남겨둔 일을 처리하고, 방문객을 맞는다. 이렇게 두세 시간을 보낸다. 오전 중에는 머리가 맑고 생명력이 넘쳐 실력을 발휘할 수 있는 시간, 창작 의욕이 왕성한 시간인데도 말이다.

그리고 12시 점심시간 직전에 속기사를 불러 창작에 돌입한다. 머리가 피로를 느끼며 사고능력이 저하될 무렵에 가장 중요한 일을 시작하는 것이다.

그 때문에 작업장에 도착했을 때는 수정처럼 맑고 투명했던 그의 머릿속도 작업을 시작할 때쯤에는 이미 작업과 관련된 잡무로 가득하다. 다시 말해 그의 머리는 이미 활력을 잃어버린 것이다. 오전 중에 발휘할 수 있는 능력을 그대로 발휘하기만 한다면 자연스럽게 느껴지는 강력함과 뭐라 표현하기 힘든 대범한 사상, 밝은 문체와 같은 매력을 충분히 느낄 수 있는 작품이 탄생할 수 있지만, 현실은 그렇지 못하다.

그의 편지를 읽어보면 작품에서는 엿볼 수 없는 최고로 매력적인 문체와 자유로운 표현 방법, 대범한 사상을 자주 접하게 된다. 그는 자신의 재능을 편지를 읽거나 답장을 쓰는 일 등의 그다지 중요하지 않은 잡무를 처리하는 데 다 써버리고 있다.

이탈리아의 연구가 페라치니는 식자공, 석공, 광부, 총알 등을 만드는 온갖 노동자의 한 시간 업무량에 관하여 오랫동안 조사하였다. 오전의 중간 시간대가 가장 업무량이 많다가 그 이후로 급속도로 떨어진다고 한다. 그리고 점심 이후에는 어느 정도 유지를 하지만 그 뒤로는 작업을 종료할 때까지 업무량이 서서히 떨어져 간다고 했다.

미시간 대학의 로버트 교수는 스스로 특수 기록 장치를 이용하여 손의 중지로 일정 무게의 추를 몇 번 올릴 수 있는가 하는 실험을 하였는데, 그 수치는 이른 아침부터 서서히 증가하여 오전 10시에 최고조에 달했으며 서서히 감소하다가 오후 4시에 최저가 되었고, 그 후 다시 횟수가 서서히 증가했다가 밤에는 초저녁보다 훨씬 성적이 좋았지만, 오전만큼은 되지 않았다고 한다.

《피로란 무엇인가?》의 저자인 프레드릭 박사는 다음과 같이 말했다.

"피로는 격한 노동을 한 뒤에 느끼는 것과 마찬가지로 자주 하나의 감각으로 여기고 있다. 그러나 실제로 그것은 온갖 감각의 커다란 복합체이다. 그 안에 포함된 감각은 업무 특성의 차이는 머리를 쓰는지 몸을 쓰는지에 따라 그리고 몸을 쓰는 일이라면 어느 부분의 근육을 쓰는지에 따라 달라진다.

그러나 피로가 극에 달했을 때는 그러한 차이는 거의 느낄 수 없게 된다. 머리가 '피곤하다.'고 느낄지도 모른다. 혹은 혈액이나 림프액의 흐름이 나빠져서, 또는 실제로 근육의 선유(線維)가 찢어져서 근육의 통증을 느낄지도 모른다. 림프액이 고여 관절이 굳는 경우도 있고, 같은 이유로 손발이 붓는 경우도 있다. 뇌빈혈과 졸음이 함께 오는 경우도 있다.

그러나 머리를 쓰는 일이나 몸을 쓰는 일이 모두에서 가장 많이 확인되는 것은 노동 의욕의 저하이다. 그 원인으로써 신경계의 기능이 전반적으로 저하된 것, 온갖 불쾌한 증상이 나타나는 것, 자극에 대한 조직의 감수성이 둔해져 무슨 일을 할 때면 항상 강한 자극이 필요하다고 자각하고 있는 것 등을 들 수 있을 것이다.

몸이 피곤할 때 발생하는 매우 복잡한 감각의 혼합물을 명확하게 분석하는 것은 대단히 어렵다. 그러나 피로감이 주로 뇌와 척추 이외의 곳에서 일어나는 모든 현상, 다시 말해 내가 물리적, 화학적 현상이라 부르고 있는 현상에 의해 일어난다는 사실이 일반적으로 받아들여지게 되었다.

그러나 이러한 현상은 피로의 원인인 작업을 한 조직에서만 일어나는 것이 아니다. 왜냐하면, 피로물질은 만들어진 조직을 피로하게 만들 뿐만이 아니라 혈액에 의해 다른 조직에 운반되어 그곳에서도 피로물질 특유의 작용을 하기 때문이다.

한 조직의 극도의 피로가 다른 조직의 피로도 일으킨다는 사실은 일상생활에서도 중요한 의미를 지닌다. 우리는 모두 하나의 근육을 과도하게 사용하다 보면 정신적인 피로를 초래할 수 있다고 여기기 때문이다."

어떤 작업 방식을 하는가? 그것이 하루의 일과가 끝났을 무렵이 되어서 어느 정도 여력이 남아 있는지를 결정하는 커다란 열쇠가 된다. 진지하게 몰두한다면 하루가 즐겁고 빠르게 지나갈 것이다. 그러나 한눈을 팔며 시곗바늘만 쳐다보고 있다면 금방 피곤해질 것이다.

'단거리 주법'으로 '장거리 달리기'를 해서는 안 된다

　또한, 오전 중에 에너지를 과도하게 써버려서 점심 무렵에는 완전히 지쳐버리는 사람도 있을 것이다. 이런 사람은 뇌와 신경을 자극하는 속도가 너무 빠르다. 이래서야 장거리 달리기에서 단거리 주법으로 달리는 것과 마찬가지다.

　나는 이전에 하버드와 예일 대학 대항 조정경기를 관람한 적이 있다. 예일 대학의 선수들은 1분에 약 34회의 속도로 안정적이고 천천히 노를 저었다. 반면에 진홍색 보트를 탄 하버드 선수들은 1분에 40회 이상의 속도로 미끄러지듯이 예일 대학의 보트 앞으로 나갔다.

　중간 지점을 표시해주는 깃발을 통과했을 때는 예일 대학이 상당히 뒤처져 있었기 때문에 강가와 강물 위의 보트 위에서 관전하던 수많은 하버드 학생과 동문은 큰 환호성을 질렀다. 그러나 예일 대학은 속도를 올리지도 않고 흥분하지도 않았으며, 또한 걱정하는 기색도 없이 오로지 끈기 있게 노를 저으며 34회의 속도를 유지하며 착실하게 전진했다.

그들은 최후의 승부를 위해 힘을 비축해 놓기로 한 것이다. 냉정하면서도 자신만만하게 마음의 흔들림이 전혀 없었다.

하버드의 보트는 건장한 예일 선수들과 배 수척 길이의 차이를 벌리고 4분의 3지점을 가리키는 깃발을 통과했다. 그때까지도 예일은 출발할 때와 똑같이 착실하고 여유롭게 페이스를 유지했다.

예일의 청색 보트는 4분의 3 지점을 통과하자마자 서서히 끈기 있게 진홍색 하버드 보트와의 거리를 좁히기 시작했다. 이 모습을 본 하버드 측에서는 더욱 속도를 높이기 시작했다. 그러나 그들이 노를 젓는 모습은 경쟁자만큼 강력하지 못했다. 체력이 떨어졌다는 것을 역력하게 느낄 수 있었다.

마지막 추격에서 예일의 선수들은 속도를 약간 높였을 뿐 여전히 안정된 페이스로 앞선 보트를 따돌리고 관중들의 귀가 먹을 정도의 환호성 속에서 골인하였다.

하버드 선수들은 너무 일찍 힘을 소비해 버린 것이다. 그러나 예일의 선수들은 여력을 남겨 두었다가 중요한 시기에 강력하고 착실하게 노를 젓는 데 힘을 쏟아부었다. 예일 대학의 승리에는 특별한 비결은 없다. 단순히 준비의 문제였다.

인생의 승부처에서 이길 수 있는지는 비축해 둔 에너지의 양에 달린 경우가 적지 않다. 건강에 둔감한 사람, 놀이와 술에 빠져 방탕한 생활을 하는 사람은 스스로 자신의 저항력을 떨어뜨리고 만다. 비축된 것을 하나하나 무너뜨리고 있다. 이런 상태에서 예측불허의 어떤 사태가 발생한다면 곧바로 몸에 이상이 생길 것이다. 그러나 아쉽게도 본인은 그 사실을 거의 깨닫지 못하는 경우가 많다.

뇌의 움직임을 돕기 위해서는 제일 먼저 몸에 좋은 생활습관을 들이고 과학적인 지식을 기반으로 한 현명한 식생활을 해야만 한다. 적당히 기분전환을 하고 충분한 여가를 즐겨야만 한다. 마음의 조화를 흩뜨리는 것은 가능한 피하고 항상 온화한 기분을 유지하며 살아야 한다.

오늘, 여력이 있는 생활의 최대 적은 나쁜 섭생이다. 이것은 단순히 강한 술의 과음이나 약물의 남용만을 말하는 것이 아니다. 식생활과 흡연, 사교 등 일상생활 속에서의 나쁜 섭생이다. 귀중한 에너지의 비축을 낭비하는 것은 모두 '나쁜 섭생'이다.

의사라면 누구라도 인정하고 있듯이 나쁜 섭생을 지속하다가 병에 걸린 사람은 생명의 위기를 이겨낼 수 있는 여력이 없는 것과 마찬가지이다. 이것이 충분한 여력이 있고 병이라는 적과 자신과의 사이에 튼튼한 벽을 쌓고 있는 사람이라면 쉽게 이겨낼 수가 있다.

해마다 폐렴으로 수많은 사람이 죽어가고 있지만, 그들에게 병에 대한 저항력, 다시 말해 그렇게까지 체력을 소모하지 않고 병이라는 위기를 극복할 수 있을 만큼의 에너지가 있다면 쉽게 목숨을 구할 수 있었을 것이다. 과음으로 체력을 전부 소모해버렸기 때문에 수술을 이겨내지 못하고 죽는 사람이 끊이지 않는다. 알코올은 활력을 빼앗고 병에 대한 저항력을 약하게 한다.

나쁜 섭생을 하며 에너지를 낭비하고 있는 사람과 몸을 단련시켜 가능한 활력을 잃지 않도록 주의하고 피로를 느끼지 않을 만큼 일에 전념하고 있는 사람을 비교해 보면 좋을 것이다. 매일매일 힘의 비축을 늘려 가고 있는 사람이 두각을 나타내고 있을 것이다.

로버트 콜리어 박사는 "여유는 인격을 드러낸다."라고 한다.

"우리는 노력 여하에 따라 생명력을 비축할 수 있듯이 인격도 비축할 수 있다. 윤택하고 강인한 인간이 될 수 있다. 그렇게 되면 화재로 모든 것이 잿더미가 될 위기의 순간이 닥치더라도 잃을 것이 없다. 원하는 것은 무엇이든 갖춰지고 아무런 불편함이 없이 헤쳐나갈 수 있다.

왜냐하면, 같은 동네에 사는 이웃들은 누가 훌륭한 인물이고 신뢰를 할 수 있는가를 잘 알고 있기 때문이다. 또한, 누구에게 생명과 재산과 명예를 맡겨도 괜찮은지를 잘 알고 있다. 그러므로 누군가가 빛의 천사로 위장하여 그 사람을 중상모략하더라도 중상모략을 한 사람을 오히려 수상하게 생각할 것이다.

인격이라는 여력, 다시 말해 통찰력과 선견지명, 불굴의 정신과 용기라는 보물을 가지고 있는 사람이란 바로 그런 사람이다. 그들은 대지를 뒤흔들 정도의 혼돈이 일어나더라도 절대 당황하지 않고 강하면서도 온화하게 항상 어둠을 밝게 비추는 등불의 역할을 다한다.

그 인격이 시험대에 오를 때가 언젠가 올지도 모른다. 그때, 남의 험담하기를 좋아하는 자들은 심한 욕을 할 것이고 불안에 떨며 사람을 믿지 못하는 사람은 그들을 외면할 것이다. 또한, 그들을 믿고 있는 사람들조차 괴로워할지도 모른다. 그러나 그들이 비축한 것은 절대 사라지지 않는다. 밝게 빛나는 등불이 연기와 악취를 남기고 꺼지는 일은 결코 없

다. 그들은 불행이 닥치더라도 변하지 않을 것이고 모든 것이 끝났을 때
도 변하지 않을 것이다."

노력으로

안 되는 것은 없다.

하루를 힘차게 보내는

'나' 라면

멋진 인생이다.

'작은 노력'을 하지 않는 사람에게
'큰 성공'은 찾아오지 않는다

전문가의 추정을 따르면 잘못된 삶과 생활 습관, 건강에 대한 지식이 부족한 탓에 평균적인 남성의 경우 30년은 목숨이 단축된다고 한다.

정부 담당자와 보험회사 직원의 건강 진단을 맡은 의사의 말로는 미국 근로자의 80%가 건강에 어떤 문제가 있으며 그로 인해 업무에 큰 손실을 끼치고 있다고 한다. 다시 말해 일의 능률이라는 면에서만 본다면 그들은 달성할 수 있는 성과 대부분을 손해 보고 있다는 것이다.

우리 미국은 풍요로우면서 환경 자체가 자극적이다. 의욕을 자극하여 꿈을 품게 해주는 재료에 부족함이 없다. 가난에 허덕이던 소년이라도 성공하여 명성을 드높이고 싶다면 그 기회는 다른 어느 나라보다 풍족하다. 미국은 상상 이상으로 기회가 많은 나라이다.

그러나 이렇게 많은 혜택을 누리고 있으면서도 우리의 건강 상태는 다른 나라와 비교해서 좋다고 할 수 없다. 그 원인은 한마디로 우리가 건

144

강관리를 제대로 하고 있지 않기 때문이다. 신체의 욕구를 무시하고 생활습관에 주의를 기울이지 않기 때문이다. 건강을 유지하기 위해 아무것도 하지 않은 채 자기 자신에 대하여 무관심하기 때문이다.

성공하고 싶다면 기회를 살리기 위해 최선을 다해야만 한다. 한가롭게 대처하지 말고 진심을 다해야 한다. 그러기 위해서는 항상 건강을 유지해야만 한다. 그리고 무엇을 하든지 간에 모든 에너지와 열정을 기울여 목숨을 건다는 각오로 노력해야 한다. 그것이 성공을 위한 유일한 길이다.

평소에 건강 상태를 관리한다는 것은 위대한 업적을 남기는 사람에게 있어서는 당연한 일이다. 그들은 건강하지 않아 마음먹은 대로 능력을 발휘하지 못하게 된다면 지력과 체력이 모두 떨어져 판단력, 냉정함, 실천력, 자신감, 독창성이 현저하게 떨어진다는 사실을 잘 알고 있다. 이 때문에 큰일을 대비하여 평소에 건강 상태를 유지하기 하기 위해 최선을 다하고 있다. 그러지 않는다면 평생 가야 큰 인물은 될 수 없을 것이다.

육체는 에너지를 만들어 내는 기계이다. 평생 무엇을 할 수 있는지는 이 에너지에 달려 있다. 그것이 인생을 만들어주고 성공을 만들어주는 원천이다. 에너지에 문제가 발생하게 되면 건강과 성공과 인생에도 중대한 문제가 발생하게 된다.

자연이 선물한 힘을 최대한 활용할 수 있는 일을 하기 위해서 반드시 건강만은 지켜야 한다. 그럴 수 없다는 것은 자신에 대한 배려가 부족하다는 것을 의미한다. 능력이 허용하는 한에서 훌륭한 업적을 달성시키기 위한 기회를 살리고 있다고 할 수 없다.

일류 배우와 오페라 가수가 어떻게 건강관리를 하고 있는지 잘 살펴보기 바란다. 건강 상태가 나쁘면 에너지도 활력도 사라져 목소리에 문제가 생긴다는 것을 일류 가수라면 누구라도 알고 있다. 훌륭한 목소리로 계속해서 노래를 부를 수 있을 정도의 활력이 없다면 혹평을 당한다는 사실도 알고 있다.

미국에서 가장 안타까운 현실 중 하나는 수많은 사람이 우수한 두뇌를 가지고 있음에도 불구하고 이렇다 할 성과를 내지 못한다는 것이다. 그 원인은 본인이 무지하거나 비범한 재능을 살리기 위해 그 대가를 지급하려 하지 않기 때문이다.

무슨 일을 하든 몸이 있어야 가능한 일이고 남들보다 건강하지 않다면 남들 이상으로 노력을 다할 수 없다. 체력도 건강한 몸이 필수 조건이고 뛰어난 두뇌 회전도 몸을 통해 발휘된다. 신체의 어느 한 부분의 상태가 좋지 않거나 쇠약해져 있다면 제대로 생각이 떠오르지 않을 것이고 창조적인 힘도 충분히 발휘할 수 없을 것이다.

사람들은 놀랄 정도로 많은 것을 헛되이 하고 있다는 소리를 자주 접하게 되는데 그중에서도 가장 안타까운 것은 능력을 낭비하는 것이다. 무지한 탓에 비과학적인 삶의 방식과 잘못된 생활습관으로 본래 가지고 있는 힘의 많은 부분을 잃고 있다. 이런 심한 낭비는 달리 없다.

우리는 자신의 능력을 최대한 발휘하지 못하고 최대한으로 활용하지 못하고 있다. 올바른 식생활, 올바른 생활습관, 올바른 사고방식을 통해 뇌와 신경이 충분히 작용할 수 있도록 돕고 있지 않은 것이다.

평소에 심신의 상태를 정비해 두지 않아 실력을 발휘하지 못한 채 패배자가 된 사람은 얼마든지 많다. 명석한 사고는 명석한 두뇌의 산물이라는 것을, 그 명석한 두뇌를 만드는 것은 깨끗한 혈액뿐이고, 그 혈액은 좋은 음식을 올바르게 선택하고 올바르게 먹음으로써 몸속으로 스며들게 된다는 사실을 모르기 때문이다.

또한, 고민거리 때문에 항상 걱정하고 있다면 아무리 올바른 식생활을 하더라도 깨끗한 혈액을 만들 수 없다. 걱정하며 초조해 하다 보면 소화불량을 일으키기 때문에 아무리 좋은 음식이라도 위험한 유해물질만을 만들어 낸다는 것을 기억해야 한다. 음식 재료와 그것을 먹는 방법뿐만이 아니라 먹을 때의 기분 또한 중요하다.

젊은 나이에 큰 성공을 거둔
사업가의 '아침의 결심'

항상 최고의 상태로 활기차게 생활한다는 것은 인간에게 부여된 최고의 숙제 중의 하나이며, 그것은 가능한 훌륭한 성과를 올리고 싶고 자신의 능력을 최대로 활용하고 싶어 하는 사람에게 있어서는 반드시 필요한 조건이다.

나는 젊은 나이에 큰 성공을 거둔 한 사업가를 알고 있다. 그는 자신을 단련하고 힘을 기르기 위해 믿기 어려울 정도의 노력을 하였다. 항상 실력을 발휘할 수 있도록 매일 혹독한 훈련을 빼놓지 않았다. 지금까지도 일정한 체력과 기력을 유지하기 위해 여러모로 신경을 쓰고 있다. 덕분에 무슨 일이 일어나더라도 당장에 최고의 능력을 발휘할 수 있을 것이다.

수많은 젊은이가 이렇게 탄식하고 있다.

"내가 아무런 의욕도 없이 시시한 인생에 만족하고 있는 것은 기회가 없었기 때문이다."

그러나 가능한 한 최대의 성과를 거두기 위해서 이 청년이 지금까지 겪었던, 그리고 지금도 겪고 있는 고생이나 고통과 비교한다면 그들이 앞으로 겪어야 할 것의 반도 채우지 못했을 것이다. 그런데도 젊은이들은 아무런 의욕 없이 나약한 소리를 하면서 주저하고 있다.

그러나 이 청년은 몸과 뇌에 최대의 역량을 발휘하기 위하여 이 두 가지 최고급 정밀기기를 소중히 다루고 있다. 비가 오나 바람이 불어도 기분과 관계없이 매일 정각에 일어나 아침 6시부터 승마로 땀을 흘리고 정각에 출근한다. 그리고 정각에 업무를 마치고 스포츠클럽에서 항상 같은 운동을 한다.

아침이면 일을 시작하기 전에 미리 하루의 스케줄을 결정하도록 하고 있다. 창조력이 필요한 일을 위한 시간이 정해져 있으며 그 시간에는 긴급하거나 중요한 용건이 아닌 이상 아무도 그를 방해할 수 없다.

식사 또한 매우 엄격하다. 자신의 경험과 전문가의 의견을 기반으로 호불호와 관계없이 몸에 좋은 것만을 먹는다. 아무리 바쁠 때라도 식사를 위해 충분히 시간을 할애하여 여유롭게 식사를 한다. 퇴근 시간이 되면 누가 함께 있거나 혹은 환영회를 하는 중이라도 조용히 일어나 인사를 하고 정각에 퇴근한다.

그는 매일 일정한 시간을 자기 계발을 위해 할애하고 있다. 자신의 향상을 위해 도움이 되는 책이나 기사를 읽기도 한다. 매일 조금씩이라도 지식이 늘어나거나 향상하지 않는다면 용납할 수 없었다. 매일 밤 "오늘도 훌륭하게 일을 해냈어."라고 느낄 수 있고 "인간으로서도 향상되었다."라고 느낄 수 있는 인생, 삶의 방식을 하고 있다. 어제보다 조금 향상된, 조금은 폭이 넓어진, 조금 더 훌륭해진, 조금 강해진 그런 자신이 아니면 용납할 수 없었다.

그는 매일 아침마다 이렇게 결심하고 있을 것이다.

"오늘 하루를 내 인생에서 무엇과도 바꿀 수 없는 날로 만들겠다. 조금이라도 업무 성과를 올리고 인간으로서 향상되기 위해 도움이 되는 것이라면 무엇이든 하겠다."

이 청년은 내게 이렇게 말했다.

"나는 스펀지 같은 사람이 되려고 노력합니다."

모든 경험으로부터 자양분이 될 수 있는 것, 자신을 성장시켜 줄 수 있는 것, 업무를 발전시키거나 인격을 높여줄 수 있는 것을 흡수하고 싶다고 했다. 그리고 어떤 책이라도 본인에게 필요한 무언가가 반드시 적혀 있다고도 했다.

이 비범한 청년은 스스로에게도 엄격했다. 그래서 특별한 것을 선호하고, 편안한 길을 선택하고, 기분에 따라 행동하고, 무사태평하게 행동하지 않았다. 설령 내키지 않더라도 자신의 목적과 맞지 않는 일은 하지 않았다. 주변 사람들이 즐거워하는 하는 일이라도 전혀 부러워하지 않았다.

아마 이렇게 말하는 사람도 있을 것이다.

"하지만 약간의 여윳돈 때문에 모든 즐거움과 유쾌한 일들을 희생하고 그렇게 힘들게 자신을 단련한다고 해서 그것이 무슨 소용이 있는가?"

그러나 이것은 돈의 문제가 아니다. 건강을 손에 넣기 위해, 성공을 손에 넣기 위해서는 이러한 대가를 반드시 지급해야만 한다. 대가를 치르고 그것들을 손에 넣을지, 아니면 지급하지 않고 포기할지 선택은 오로지 두 가지뿐이다.

"나는 그런 거 필요 없어."라고 말하는 사람도 있을 것이다. 그런 사람은 본인에게는 이 청년처럼 대가를 지급할 생각이 없는 주제에 이 청년의 성공을 질투하면서 그를 '운이 좋은 녀석'이라고 평가한다.

대부분 사람이 건강과 성공을 손에 넣기 위해 대가를 치를 마음이 없어서 실패하고 있다. 그들에게는 인내하며 하루에 몇 시간씩 자기 단련을 하며 살아갈 마음이 전혀 없다. 그저 편하게 골인 지점을 향한 지름길만을 찾고 있다.

그들에게는 성공한 사람들이 지나온 길은 따분하고 견디기 어려운 길이다. 더욱 쉽고 편한 길을 선호하는 것이다. 그들은 적은 대가로 싸구려만을 손에 넣는 '싸구려' 성공만을 거두게 된다. 그러나 그 결과에 만족하지 않고 자신의 행동은 돌아보지 않은 채 온갖 것에서 그 책임을 찾고 있다.

큰 성과를 거두고 싶다면 시합을 앞둔 스포츠맨처럼 항상 자신을 단련시켜야만 한다. 건강을 유지하고 머리 회전이 빠를 수 있도록 유지해야 한다. 과제가 클수록 몸의 상태 또한 완벽해야만 한다.

설령 목적이 실패로 끝났다고 하더라도 그 덕분에 건강을 얻었다면 그것만으로도 큰 것을 얻은 것이 아닐까?

CHAPTER 4

내면의
'이상적인 나' 가
지금 눈을 뜬다!

Making Friends With Our Nerves

스스로 자신을 속여서는 안 된다

"안녕하세요!" 친숙한 인사다. 그러나 이 말의 의미를 제대로 알고 있는 사람이 얼마나 될까?

본인 스스로 물어보기 바란다. "안녕이라는 게 무슨 의미지?" 그 의미를 이미 알고 있다면 이렇게 물어보자. "나는 정말 안녕한가, 아니면 안녕하지 않은가? 안녕하다면 왜일까?"

영국의 식이요법 권위자 존슨 박사는 이렇게 말하고 있다.

"일반인의 건강에 대한 이미지는 사람에 따라 천차만별이지만 대부분이 제대로 알고 있지 못하고 있다."

감기, 변비, 두통, 불면, 류머티즘, 신경염, 건망증, 나른함, 집중력 저하, 과민성 후두염 증상으로 항상 건강이 좋지 않은 사람이 어떻게 안녕하다고 할 수 있겠는가? 대부분의 사람은 종일 누워서 보내지 않는 이상 오늘은 몸이 좋지 않다고 말하지 않을 것이다. 예를 들어 온종일 몸이 나른하여 자주 쉬어야 했거나 방 안 공기를 환기하고 싶었던 것을 느끼고 있더라도 말이다.

인도의 한 농장 주인은 '저는 지금의 생활을 바꾸지 않는다면 2, 3년 안에 죽는다고 하네요.' 라고 말했다. 그는 대단한 주량에 담배, 하루 세 번의 육식 요리를 배불리 먹고 짬이 날 때마다 뭔가를 먹고 있다. 그는 경고를 무시하였고 2년 뒤에 결국 뇌졸중으로 사망하고 말았다.

그는 황소처럼 튼튼하다고 여겼으며 친구들 또한 그가 건강하다고 여겼는데도 말이다. 게다가 인도에 있는 아삼 주에서 살았던 20년 동안 병으로 누워 있던 적이 단 하루도 없었고 열병을 앓은 적도 없었는데도 말이다.

이전에 런던의 한 신문사 주최로 '건강하지 않은 것은 죄악일까?' 라는 주제로 심포지엄이 열렸고 그곳에서 '병약한 사람을 동정할 가치가 없고, 오히려 비난해야 마땅하다.' 라는 견해가 발표되었다. 관용은 필요 없다. 솔직한 의사는 예수가 병을 고쳐준 사람에게 말했던 것처럼 "가거라. 그리고 두 번 다시 죄를 범해서는 안 된다!" 라고 따끔하게 말해주어야 한다고 했다.

일부러 자신의 몸을 혹사해 병상에 누워야만 하는 사람은 사회악이다. 왜냐하면, 그 사람이 해야 할 일을 다른 누군가가 대신해야 하기 때문이다. 시간마다 받는 정해진 시급을 고용주로부터 강탈하고 있다고 생각한다면 사기꾼이나 마찬가지다.

예를 들어 젊은이가 친구들과 밤새워 놀다가 다음 날 아침(정확하게 말해 그날 아침) 힘들어하는 모습으로 출근했다고 하자. 신경은 이미 완전히 지친 상태이다. 이것은 월급 도둑과 마찬가지로 고용주의 금고에서 돈을 몰래 훔치는 것과 같다.

유쾌하게 놀며 방탕한 생활을 하는 여성이 있다고 하자. 낮과 밤이 뒤바뀌고 기름진 음식으로 끝없이 위장을 괴롭히고 있다. 이런 여성이 신경쇠약에 빠진다면 다름 아닌 그녀 자신이 나쁜 것이다.

신경을 탓하기 전에 본인에게 물어봐야 한다. "내가 무얼 잘못했지?" 솔직한 의사라면 제대로 대답을 해 주겠지만, 동정은 하지 않을 것이다.

자신의 시간을 한 시간에 얼마인지 계산하는 사업가라면 하루의 업무를 하지 못하는 것이 얼마나 시간 낭비인지를 잘 알고 있다. 물론 가끔은 하루나 반나절의 휴식을 취하기도 한다. 그러나 그것은 몸 상태가 좋지 않아 어쩔 수 없이 아무것도 하지 않고 하루를 그냥 보내는 것과는 다르다. 라이벌과 항상 어깨를 나란히 하기 위해서는 '언제라도 가능한' 사람이 되어야 한다는 것을 그들은 잘 알고 있다.

Making Friends With Our Nerves

절대 배신하지 않고
손해 보지 않는 보험이란?

살아 있으면서 서서히 죽어가는 일이 있어서는 안 된다. 몸속의 모든 원자를 항상 활발하게 유지해야만 한다. 몸은 오랫동안 건강하게 유지를 했다가 화려한 마지막을 맞이하도록 해주자. 그것은 어느 한 곳 아픈 곳이 없이 모두 똑같이 건강한 상태를 유지하는 것이다. 그것이 전신이 조화를 유지하고 있다는 신호이다.

그러나 아마도 식생활이나 그 밖의 생활습관의 어느 일부분에 좋지 않은 점이 있을 것이다. 아쉽게도 놀랄 만큼 미묘하게 조정된 기계인 우리의 몸은 어느 일부분이 먼저 고장이 나고 만다. 그렇게 되면 기계는 자주 정지하게 된다.

충실한 신경이 아무런 경고도 하지 않는다면 간장에 이상이 생겼을지도 모른다. 간장이 제대로 작동하지 않는다면 단 하루도 살 수가 없다. 어쩌면 심장이 생명의 원천인 혈액을 공급하여 전신에 순환시키는 것을

158

거부할지도 모른다. 그렇게 되면 모든 지적 능력이 몸의 어느 일부분이 정상적으로 작동하지 않기 때문에 그 능력을 발휘할 수 없게 된다.

신과 같이 위대한 마음을 품고, 신과 같이 훌륭한 소질을 갖춘 인간이 몸의 어느 일부분의 상태가 나쁘다는 이유만으로 일은커녕 삶을 도중에 멈춰야 한다는 것은 얼마나 애석한 일인가? 이 세상에서의 활동을 모두 접어버리고 모든 것을 뒤로 한 채 영원히 사라져야 한다니. 아마도 신경에서 보낸 경고를 이미 셀 수 없이 받았을 것이다. 그런데도 약이나 마약을 이용해 지금까지 속여 왔을 것이다.

이러한 위험을 깨달았다면 가능한 한 몸을 소중히 돌봐야 한다. 될 대로 되라는 식의 위험에 처하게 해서는 안 된다. 부담되지 않도록 지켜줘야 한다. 술, 담배, 커피와 홍차 등의 자극적인 것을 지나치게 섭취하면 서서히 몸의 작용이 나빠진다. 신경계의 원활한 작용을 막는다는 것을 이미 알고 있으니 이러한 것들은 삼가야 할 것이다.

깜짝 놀랄 만큼 고가의 시계나 자동차와 같은 사치품보다는 자신의 몸을 더 소중하게 생각해야 한다. 균형과 조화가 이루어진 몸을 유지할 수 있도록 항상 건강 상태를 조절하여 모든 부분이 원활하게 작용할 수 있게 하는 것, 그것이 가능한가에 모든 것이 달려 있다.

몸과 마음이 건강하다면 충분히 활기가 넘쳐 평생 일을 할 수 있는 것처럼 고마운 일이 없을 것이다. 의사에게 "지방이 쌓였네요."나 "간장에 약간의 문제가 있네요."라는 협박을 듣고서야 건강한 생활을 하려 하지만 얼마 지나지 않아 원래의 생활로 돌아간다면 모든 것이 허사이다. 중요한 것은 매일매일 꾸준히 반복하고 지키는 것이다.

건강에 대한 과학지식을 몸에 익히고 규칙적인 생활을 하는 것은 일시적인 변덕이어서는 안 된다. 이것이야말로 힘을 얻기 위한 중요한 열쇠이다. 자신의 능력을 충분히 발휘하기 위해 심신을 완벽한 상태로 유지하는 것, 다시 말해 건강한 것 이상으로 당신에게 큰 의미가 있는 일이 또 있겠는가?

온갖 나쁜 습관 때문에 원래의 능력을 거의 발휘하지 못해 마음먹었던 성과를 거두지 못하고 있는 사람이 매우 많다. 좋은 습관만 몸에 배어 있다면 충분히 능력을 발휘할 수 있다. 가슴에 손을 얹고 지금 그대로의 생활이 좋은 것인지를 진지하게 생각해 보기 바란다.

눈부신 활약을 하고 싶지만 기다리고 있는 것은 치열한 생존경쟁뿐이다. 모든 점에서 최대한의 노력이 필요하다. 의지가 약한 사람이나 각오가 부족한 사람이 당신의 상대가 아니다. 과연 당신은 지금의 상태에서 이길 확률이 있는가?

건강하고 활력이 넘치는 사람과 병약하여 생기가 없는 사람의 장래성에는 어느 정도 차이가 있을지 곰곰이 생각해 본 적이 있는가? 정신력은 체력에 따라 좌우된다. 체력이 있다면 의욕도 생길 것이고 밝고 쾌활해질 것이다. 그리고 창조력, 용기, 독창성, 응용력, 주의력도 커질 것이다. 반대로 활력이 없어지면 체력이 저하되어 뇌의 활동도 둔해지고 신경기능도 저하된다.

그러므로 인생을 성공으로 인도하고 싶다면 항상 최상의 상태를 유지하는 것 이외에 달리 방법이 없다. 충분한 체력을 얻기 위해 충분한 대가를 지급하지 않은 탓에 병약한 상태로 평생을 보내는 사람이 얼마나 많단 말인가? 그들은 건강을 잃고 몸을 나약하게 하는 생활을 하고 있다. 그래서는 무언가를 해낼 수 있는 활력은 절대 솟아나지 않는다.

건강에 주의하면서 체력을 유지하고 증강하기 위해 노력하는 이외에 성공을 자신의 것으로 만드는 방법은 달리 없다. 왜냐하면, 체력의 차이에 따라 승부가 결정되는 경우가 적지 않기 때문이다. 의지력과 야심만으로는 넘치는 활력과 건강한 몸을 대신할 수 없다.

장기전에서 승리를 거두기 위해서는 가장 열심히 일하고 맡은 일을 끈기 있게 처리하는 사람, 다른 사람이 힘이 빠지고 자신감을 잃었을 때도 씩씩하고 활기차게 일을 계속하는 사람, 다른 사람이 지쳐 쓰러졌을 때도 끈질기게 노력하는 사람이다.

결국, 언제까지 초지일관 유지할 수 있는지가 큰 성공을 거두는 비결이고, 그러기 위해서는 가장 중요한 것이 체력이다. 건강한 육체, 지구력이 있는 육체를 대신할 것은 아무것도 없다. 아무리 타고난 재능이 있더라도, 아무리 교육을 많이 받았더라도 그것만으로는 성공할 수 없다. 그 사람이 얼마만큼 자신의 능력을 발휘할 수 있는지는 건강한 육체와 정신력과 기력의 균형에 달려 있다.

몸이라는 은행에 충분한 여력이 비축되어 있어 필요할 때 충분히 활용할 수 있다는 것은 중요한 일이다. 그러나 사람들은 하루하루를 살아가는 데 모든 체력을 허비하여 위기에 직면했을 때 본인에게 닥쳐올 위험에 대해서는 전혀 신경을 쓰지 않고 있다. 위기에 직면했을 때는 평소이상의 체력이 필요하지만 더는 그런 체력은 남아 있지 않다. 이제 은행은 지급 불능의 상태가 된 것이다.

활력이 저하되면 지적 능력도 함께 저하된다. 지금보다 유능해질 수 있고 지금의 배 이상으로 성과를 올리기 위해서 더욱 건강하고 더욱 활력이 넘치는 몸을 만드는 방법밖에 없다.

건강에 대한 투자는 결코 손해를 보지 않는다. 이렇게 이윤이 남는 장사는 달리 없다. 이것은 너무도 멋진 생명보험이자 건강보험이고, 성공과 행복을 보장해주는 보험이다.

Making Friends With Our Nerves
'자신감'은 최고의 효과, 최고의 자양강장제

어떤 모임이든 갈 때마다 항상 드는 생각은 그 모임을 주최하거나 중심이 되어 발언하는 사람에게는 한눈에 보기에 훌륭한 사람이 많다. 상대에게 여유를 느끼게 해주는 사람은 자연스럽게 지도자로 추대된다.

우리나라의 가장 위대한 웅변가 D. 웹스터는 풍모와 태도를 한 번 본 사람은 결코 잊을 수 없을 정도로 관록이 쌓인 사람이다. 영국의 정치가들이 그리스 신과 비교할 정도이다.

물론 몸이 건강하지 않지만 위대한 지성을 갖춘 지도자가 없는 것은 아니다. 그러나 그런 두뇌를 건강한 몸이 뒷받침해 주었다면 더욱 위대한 인물이 될 수 있었을 것으로 생각한다.

능력 있는 거물로 인정받으려면 남들 이상으로 건강해야만 한다. 전도유망한 사람은 타고난 체력 덕분에 두뇌 회전도 빠르다. 따라서 그 사람에게 있어서 성공하는 것이란 숨을 쉬는 것과 마찬가지로 쉽게 여겨질 것이다.

실제로 남들 앞에 서서 활력이 넘치고 쾌활한 인상을 주어야 하는 입장에 있는 사람이 신경이 피로에 지쳐 있는 모습을 보는 것은 정말로 안타까운 일이다.

시종일관 짜증을 내면서 남들과 부딪히고 괴로워하면서도 심신이 모두 강한 사람처럼 느끼지도 못할 사소한 것에 지나치게 신경을 쓰는 사람이라면 기분이 좋아 보일 때가 아니면 부하들도 무서워서 말을 걸기가 어려울 것이다. 이것은 신이 원하는 인간 본연의 모습이 아니다. 신이 만든 인간과는 전혀 다른 모습이다.

'되고 싶은 자신'을 믿지 않는 사람은
아무도 믿지 못한다

몸과 마음이 나약해져서 이렇다 할 성과를 올리지 못하고 끝나버리는 사람이 많은데, 그 이유 중에 하나는 본인 자신에게 자신감이 없기 때문이다. 이런 사람은 본인도 건강해질 수 있다, 혹은 성공할 수 있다는 자신감이 없다. 뭔가를 해내고자 할 때 자신감은 훌륭한 추진력이 되지만, 신념이 없고 갈등하는 마음은 장애가 된다.

의지가 강한 사람, 뛰어난 독창성과 실천력이 있는 사람, 세계적인 위업을 달성한 사람은 모두 자신감이 넘치는 사람들뿐이다. 그들은 하겠다고 결정한 일은 반드시 할 수 있다고 믿는다. 자신이 뜻한 바가 언젠간 실현될 것이고, 본인에게는 훌륭한 미래가 약속되어 있다고 믿어 의심치 않는다.

반면에 자신이 건강과 능력과 장래를 믿지 못하는 사람들에게는 성공은 불가능하다. 남들보다 강한 자신감이 없다면 결코 실력을 발휘할 수 없기 때문이다.

자신은 효과가 뛰어난 자양강장제이다. 강한 자신감은 건강증진제이다. 희망, 더 나은 것에 대해 기대, 자기 자신과 인류에 대한 신뢰, 이러한 것은 모두 건강에 좋은 영향을 끼친다. 애정과 봉사정신과 마찬가지로 그러한 것들에는 사람을 치유하는 능력이 있다. 반대로 신념이 없고, 실패할지도 모른다는 걱정은 몸의 기능을 저하시켜 건강을 해치고 만다.

사고방식은 건강에 큰 영향을 끼친다. 건강해지고 싶다면 항상 자신이 바라는 이상을 머릿속에 그리고 있지 않으면 안 된다. 이상이라 여기는 자기 자신의 모습, 건강하고 강력한 모습, 활기 넘치는 자신을 연상해야만 한다. 신이 원하는 인간의 모습이 바로 그런 모습이지, 결점투성이의 인간이 아니다.

다시 말해 건강하고 활기가 넘치지 않는다면 활기찬 자신을 항상 머릿속에서 연상해야 한다. 그것은 정신요법에서 환자를 치료하여 원래의 활기찬 모습으로 되돌려 놓을 때 환자에게 자신이 원하는 모습을 그리게 하는 것과 마찬가지다.

자신이 원하는 완벽한 모습을 상상하며 "나는 아픈 곳이 없다. 건강하고 활기가 넘친다."라고 생각해야 한다. 다시 말해 얼마나 건강할지는 평소에 자기 자신에 대하여 어떤 모습을 연상하고 있는가에 달려 있다.

더욱 실력을 발휘하여 창조적인 일을 하면서 만족할 수 있는 결과를 얻기 위해서는 더욱 건강해지는 방법 이외에는 달리 없다. 건강해짐으로써 모든 능력이 크게 증강되어 정신력 또한 충실해지면서 전체적으로 능력이 비약적으로 신장한다.

대부분의 사람이 일은 확실하게 하면서도 자신의 몸에 대해서는 소홀히 대하고 있다. 몸이라는 기계의 원동력은 혈액이다. 혈액을 만드는 것은 음식이고 이것이 우리의 유일한 에너지원이다. 그러나 그러한 음식을 과학적인 지식을 기반으로 하여 제대로 먹고 있는 사람은 거의 없다. 기력이 가장 충실해지고 뇌의 에너지양이 최고조에 달할 수 있는 음식, 몸의 건강상태를 최고로 유지할 수 있는 음식을 고르기 위한 세심한 주의를 기울이지 않고 있다.

한 회사의 중역이 최근 해고할 수밖에 없었던 부하에 대하여 이렇게 말했다.

"저 친구는 거의 환자나 다름없는 상태였지. 그 일에 가장 적임자였지만 일 년 내내 건강 상태가 좋지 않아 주어진 일을 반밖에 처리하지 못했어. 건강에 대해서는 신경도 쓰지 않고 수면부족에 부실한 식사, 쓸데없는 일에 에너지를 낭비하면서 몸에 좋지 않은 것은 다 했지.

아침이 돼서 이제 막 일을 시작해야 하는데 마치 종일 바쁘게 일하고 퇴근 무렵의 얼굴을 한 채 출근하는 거야. 그날 해야 할 일의 절반을 스스로 망쳐버린 거지. 그러니 권고사직을 시킬 수밖에."

건강 상태가 완벽하지 않으면 본인 스스로 가능성을 허비하고 있는 것과 마찬가지다. 나는 일상생활 속에서 건강만큼 소홀히 대하고 있는

것을 본 적이 없다. 우리는 매일 해서는 안 될 일이 무엇인지를 잘 알고
있으면서도 그렇게 하고 있다.

Making Friends With Our Nerves

이 두 가지 '열쇠' 가
성공의 '문' 을 활짝 열어준다

　건강한 몸과 훈련된 두뇌, 이 두 가지만 있으면 평생을 걸고 해야 할 일을 시작하는 데 두려울 것이 없다. 의지할 수 있는 것은 오로지 이 두 가지뿐이다. 성공의 열쇠는 자기 자신에게 있다. 몸이 건강하지 않다면, 다시 말해 할 수 있다는 확고한 신념이 없다면 자신의 메시지를 세상에 전달할 수 없다.

　그렇다고 해서 근육질의 몸이 필요한 것은 아니다. 훌륭하게 유연성을 발휘할 수 있는 보통의 체력, 보통의 에너지와 활력이다. 대부분의 사람이 근육질의 몸을 만들면 건강해진다고 여기고 있지만 실제로는 그렇지 않다. 아니, 오히려 그것은 위험할 수도 있다.

　3천 파운드를 들어 올릴 수 있는 근육을 자랑하던 원쉽은 42세의 젊은 나이에 죽었다. 실제로 대부분 뛰어난 프로 권투선수들이 젊은 나이에 죽는 경우가 많다. 우리에게 필요한 것은 멋진 근육이 아니라 훌륭한 활력, 샘솟는 기력, 건강한 몸이다. 이것이 자신의 정신적 안정과 실력과 행복뿐만이 아니라 성공을 위해 얼마나 중요한 것인지를 생각해 보기 바란다.

건강이란 혈액의 힘과 의지, 판단력, 끈기가 넘치고 있다는 것이며 그 힘이 뇌에 전달되어 당신의 노력을 지지할 수 있다는 뜻이다. 왜냐하면, 당연히 허약한 육체에서 강인한 의지는 바랄 수 없기 때문이다.

실력을 비약적으로 성장시키고 성공과 만족과 행복을 쟁취할 가능성을 넓히고 싶다면 무조건 몸을 건강하게 유지하는 것밖에 달리 방법이 없다. 노후에 접어든 사람이라면 더더욱 그렇다. 움직여 주어야 할 근육이 수백 개가 넘기 때문이다.

노령층에서 이렇게 갑작스러운 죽음이 많은 이유 중에 하나는 혈관이 경화되어 약해졌기 때문이다. 혈관의 탄력이 없으면 필요 이상의 부하가 걸렸을 때 근육조직 속의 혈압이 빠져나갈 곳이 없으므로 약해진 혈관이 터지고 만다. 그러나 근육을 움직이며 지속해서 운동을 한다면 갑작스러운 부하가 걸렸을 때도 모세혈관의 혈액을 통과시킬 수가 있다.

인생을 성공으로 이끌기 위해서라도 우리는 건강한 생활을 염두에 두고 있어야 한다. 그러나 지나치게 '병약해서는 장수할 수 없어, 성공할 수 없어.' 라고 생각하다 보면 마음이 가라앉아 오히려 역효과가 된다. 건강과 성공과 행복을 쟁취하고 싶다면 그런 불필요한 생각은 깨끗이 지워 버려야 한다.

진지한 마음가짐이 가능할 수 있는 것은 모두 다 건강에 달려 있다. 건강하고 활기로 넘쳐 있을 때는 몸 상태가 좋지 않고 기분이 좋지 않을 때와 비교해서 훨씬 의욕적이고 야심만만해질 수 있다. 반대로 몸 상태가 좋지 않을 때는 실패할지도 모른다는 불안감에 휩싸이게 된다. 그렇게 되면 원하던 결과를 얻지 못하는 것은 물론이고 인생 그 자체에도 큰 타격을 입히게 된다. 왜냐하면, 희망을 잃은 인생은 행복하다고 할 수 없기 때문이다.

건강이 안 좋은 것이 정신적인 측면에도 영향을 끼치는 것은 아프거나 괴롭기 때문만이 아니다. 인생의 목적을 달성할 수 없다는 좌절감에 사로잡히기 때문이기도 하다. 젊을수록 "건강하기만 한다면 화려한 미래가 펼쳐져 있다."라고 생각할 테니 더더욱 그렇다. 생각했던 대로의 인생을 살 수 없을 것 같다, 오르고자 했던 곳까지 올라갈 수 없을 것 같다는 것을 절실하게 통감해야 하는 것만큼 괴로운 것이 없다. 대부분 사람들이 육체적 고통보다는 이것이 훨씬 더 고통스럽다고 생각한다.

그러므로 우리는 우선 냉정함과 건강한 자신의 이미지를 품고 인간은 완벽한 신에 의해 만들어졌기 때문에 신과 똑같이 완벽한 존재로 성공하여 행복을 누리기 위해 태어났다는 자신감을 가질 필요가 있다. 또한, 우리가 신체적 고통과 고민 때문에 괴로워하는 것이 결코 신이 원하는 것이 아니라는 신념을 지녀야 한다.

왜냐하면, 우리가 괴로움과 불행이 아니라 조화와 행복을 누리기 위해 태어났다는 것, 그리고 실패가 아니라 성공을 누리기 위해, 또한 가난이 아니라 번영을 누리기 위해 만들어졌다는 것을 증명해 줄 증거는 우리 몸과 마음속에 셀 수 없을 정도로 많이 각인되어 있기 때문이다.

우리는 더없이 완벽한 몸과 마음을 가지고 있다는 사실을 결코 잊어서는 안 된다. 바람은 반드시 이뤄지고 도중에 좌절하는 일이 없다는 것을 믿자. 그렇게 믿는 것이 당신의 마음에 훌륭한 자극이 되어 더욱 건강한 몸으로 이어질 것이다. 그리고 인생 그 자체가 더 나은 방향으로 향하게 된다.

'현명한 삶의 방식' 속에서
연상한 피로를 푸는 방법

건강을 지키는 데 필요하지만 잘 지켜지지 않는 것은 대부분 것들이 너무나 당연한 것들이기 때문이다. 사람들은 빤히 알고 있는 사실을 지적당하는 것을 대단히 싫어한다.

여러분도 아마 마음속으로 이미 이렇게 생각하고 있을 것이다.

"목욕과 호흡에 관한 이야기가 무슨 도움이 되겠어? 평소에 목욕도 하고 있고 살아 있으려면 숨도 쉬는 게 당연하잖아."

맞는 말이다. 그러나 세상의 모든 일에는 옳은 방법과 잘못된 방법이 있다. 그러므로 더더욱 목욕과 호흡이라는 당연한 것조차도 잘못된 방법을 하고 있지 않다고 단정할 수 없다.

목욕에는 적어도 세 가지 목적이 있다. 피부에 쌓인 노폐물과 그 밖의

173

더러운 것들을 제거하는 것, 혈관을 자극하여 혈액 순환을 좋게 하는 것, 그리고 피부 바로 아래에 척추를 따라 넓게 퍼져 있는 신경세포를 자극하여 활성화하는 것이다. 그래서 욕조에 들어가면 편안한 기운이 몸 전체에 퍼지는 것이다. 신경은 흥겹게 노래 부르면서 최선을 다해 피곤한 몸을 풀어준다.

따뜻한 욕조에서 하루의 피로를 풀어주면 편안하게 숙면을 취할 수 있다. 그리고 아침에 일어나 찬물이나 미지근한 물로 샤워하면 온종일 활기차게 보낼 수 있다. 그러나 배불리 먹고 난 직후의 입욕은 금물이다. 많은 사람이 심장마비를 일으켜 익사를 한 원인이 식후 바로 욕조에 들어갔기 때문이다.

조지. H. 핀치는 《현명한 삶의 방식》이라는 책에서 다음과 같이 적고 있다.

"목욕하기에 가장 적당한 때는 식후 한 시간이나 두 시간 뒤이다. 식후 바로 목욕을 해서 소화하기 위해 필요한 위의 혈액이 다른 곳으로 가게 하는 것은 바람직하지 않다. 몸에 좋은 것은 뭐든지 정기적으로 지속하지 않으면 효과가 없는 것과 마찬가지로 목욕 또한 그렇다.

질이 좋은 비누를 고를 필요가 있다. 싸구려 비누에는 모공 속 때의 제거를 막는 알칼리 성분이 너무 많다. 고급 비누에는 알칼리와 지방 성분이 적당히 포함되어 있어 피부를 자극하는 것이 거의 들어 있지 않기 때문에 그 효과를 실감할 수 있다."

그리고 이렇게도 말했다.

"몸이나 머리를 쓰는 일로 피로에 지쳐 있을 때는 곧바로 목욕해서는 안 된다. 30분 정도 쉬고 난 뒤에 가능한 한 뜨거운 물에 들어가라. 나폴레옹은 피로에 지친 몸을 뜨거운 목욕으로 풀었다. 그는 부하들이 모두 혀를 내두를 정도로 장시간의 격무를 처리한 뒤에는 자주 뜨거운 목욕물을 준비시켰다. 욕조에 몸을 담그고 마사지를 받으면 저절로 피로가 풀리면서 다시 일할 수 있는 기운을 되찾았다.

아마도 나폴레옹만큼 장시간의 두뇌 노동에 견디는 능력을 갖춘 사람은 달리 없을 것이다. 훗날 나폴레옹 법전이라 불리는 법률의 초안 작성을 할 때, 그는 그 기초가 된 유스티니아누스 법전에 대하여 매우 상세히 알고 있었기 때문에 프랑스 최고의 법률가들이 놀랄 정도였다고 한다. 나폴레옹은 육군사관학교 시절에 이 법전을 배웠는데, 경이적인 기억력으로 조문 전체를 줄줄 외울 정도였다. 그는 장시간에 걸쳐 행해지는 기초위원회의 회장을 맡았지만, 전혀 피곤한 내색을 하지 않은 것은 물론이고 시간이 흐르는 것도 모를 정도였다."

그러나 목욕을 하지 않는 것과 마찬가지로 너무 오래 목욕을 하는 것도 좋지 않다. 너무 오래 목욕하면 피지가 부족해져 피부가 거칠어진다. 목욕하여 피부를 청결하게 유지하는 것은 중요하지만, 피부가 거칠어질 정도로 오래 목욕을 해서는 안 된다.

또한, 잠들기 직전이나 막 잠자리에서 일어나 거친 수건으로 몸을 닦는 것도 건강하고 젊은 피부를 유지하게 해준다. 건강하기 위해서는 건강한 피부를 유지하는 것이 필수적이다.

몸에 있는 모공을 전부 늘어놓으면 평균적으로 12마일이 넘는다고 추정하고 있다. 피부호흡을 통해 모공으로 산소가 들어가 유해 물질이 배출되고 있다. 모공에 때가 끼지 않은 청결한 피부를 유지하는 것이 얼마나 중요한지 이제 이해가 되었는가?

바닷물에 오랫동안 들어가 있는 사람을 자주 볼 수 있는데, 이것은 잘못된 것이다. 특히 여성의 경우에는 한 시간 이상 들어가는 것을 아무렇지 않게 여기고 있는 것 같은데, 보통은 한 번에 15분이나 20분 정도가 한계이다. 해수는 짧은 시간 동안이라면 몸에 좋은 자극이 되지만 장시간 들어가 있으면 몸을 쇠약하게 한다.

게다가 해수의 염분이 피지 막을 제거하기 때문에 바닷물에 들어가면 살이 더 쉽게 탄다. 그러므로 지나친 해수욕은 화상을 입게 하여 심한 고통을 당하는 것은 물론이고 때로는 목숨을 앗아가는 중병의 원인이 되기도 한다.

한 번에 들이마시는 공기는 공장을 움직일 만큼의 에너지가 된다

우리가 숨을 쉴 때마다 호흡이라 불리는 몸의 기능을 통해 하나의 기적이 일어나고 있다. 해로운 물질을 운반하는 푸른색 정맥은 생명의 원천인 공기를 폐로 운반한다. 그러면 순수하고 빨간 정맥의 피가 재생되어 다시 온몸의 조직에 새로운 건강을 운반해 준다. 물은 피부의 때를 벗겨주는 작용을 하지만 체내에서는 공기가 그 역할을 하면서 불순물을 씻어내 준다.

들이마시는 공기의 질은 음식의 질보다 중요하다고 해도 과언이 아니다. 음식이 부족하더라도 사람은 꽤 오랜 시간 동안 살 수 있고 단식을 하더라도 며칠은 버틸 수 있다. 그러나 공기가 없다면 당장에 질식사하고 만다.

우리가 내쉬는 숨에는 이산화탄소가 포함되어 있고, 이것은 다른 유해물질에 뒤지지 않을 만큼 몸에 해롭다. 이산화탄소가 섞여 있는 혈액은 검고 끈적거린다.

불이 켜진 촛불을 병 속에 넣고 입김을 불어넣으면 불이 꺼진다. 가난하여 작은 방 하나에 가족들이 겹치듯이 모여 사는 가정에서는 방안에 다량의 이산화탄소가 발생하기 때문에 가스등조차 제대로 켜지지 않는다.

침실을 한 사람당의 넓이와 공기의 양을 계산한 다음 쥐의 크기에 맞춰 환산하여 그 크기의 병 안에 쥐를 넣어보면, 쥐는 얼마 못 가 의식을 잃고 쓰러졌다가 곧 죽고 만다.

침실의 환기를 위해 창문을 조금 열어두기만 하면 된다고 착각하는 사람이 많은데, 우리가 대량의 숨을 계속해서 뱉어낸다는 것, 그것이 몸에 매우 좋지 않다는 것을 생각해 본다면 환기가 잘 안 되는 방에서 자는 것이 몸에 얼마나 해로운지를 이해할 수 있을 것이다.

가레트. P. 서비스는 이렇게 말하고 있다.

"사람이 한 번에 들이마시는 공기는 세상의 공장들을 움직일 수 있을 정도의 에너지를 그 원자 속에 가두어놓고 있다."

숨을 쉴 때마다 몸속으로 들어오는 산소는 중요한 원동력이다. 활력을 잃은 몸을 회복시켜 되살려 준다. 게다가 이 물질세계를 만들어내고 있는 중요한 성분도 있다. 산소는 보거나 만질 수 없지만 산소가 없다면 우리는 살아갈 수 없다.

오래된 착각을 고치는 것은 정말로 어렵다. 아무리 의사나 과학자들이 '신선한 공기가 중요하다.'고 입이 닳도록 말해도 대부분의 사람들이 밤공기가 몸에 해롭다고 여전히 믿고 있다.

우리가 밖에서 보내고 있는 시간은 원래 필요한 시간의 절반도 되지 않는다. 게다가 오랜만에 외출을 하더라도 산소를 듬뿍 들이마셔 그 은혜를 입을 수 있는 호흡법을 모르고 있다. 두 개의 폐가 있지만 사람들은 고작해야 한쪽 폐에 해당하는 면적밖에 사용하지 않는다. 폐의 표면적 넓이로 폐가 산소를 공급할 수 있는 혈액의 총량은 정해져 있다. 쉽게 말해서 폐를 충분히 사용하지 않으면 혈액을 정화시키는 힘도 충분하지 않게 된다.

등을 구부리고 어깨를 떨어뜨린 채로 무기력하게 인생을 살아가고 있는 대부분의 사람들이 올바른 호흡법을 실천하기만 한다면 그들 또한 활기찬 매일을 보낼 수 있게 된다.

Making Friends With Our Nerves

매일 아침 눈을 뜰 때마다
다시 태어난다

인생의 3분의 1일을 잠자리에서 보내기 때문에 수면이라 불리는 이 친숙한 것의 작용에 대하여 잠시 생각해 보는 것도 좋을 것이다.

사실 우리는 수면에 대하여 아는 것이 별로 없지만 정기적으로 잠이 온다는 사실은 알고 있다. 먼저 머리가 멍해지면서 누워서 쉬고 싶다는 거부할 수 없는 욕구에 사로잡혀 눈을 감자마자 의식을 잃거나 혹은 의식이 흐릿한 상태에 빠지게 된다. 그리고 잠시 후 맑은 기분으로 눈을 떴을 때는 활공을 재개할 준비가 갖춰진다. 이 사이에 우리에게는 무슨 일이 일어나는 것일까?

눈을 뜨고 있는 동안 우리의 몸은 항상 활동을 하고 있다. 언뜻 의자에 느긋하게 앉아 있는 것처럼 보일 때도 모든 의식기관이 작용을 하고 있다. 신경은 매우 짧은 순간의 자극도 놓치지 않고 하나의 신경중추에서 다른 중추로 빠르게 전달한다. 근육은 의식적으로 움직이는 경우도 있고 무의식중에 움직이는 경우도 있다. 예를 들어 다리의 위치를 바꾸고, 다리를 꼬고, 팔짱을 끼는 등의 것이다.

한편, 뇌는 항상 경계태세를 취하고 있어 한가지 것에 의식을 집중하지 않더라도 무언가를 생각하거나 계획을 세운다. 그리고 상태가 지속되면 우리의 원동력과 기력의 원천인 뇌에 피로물질이 되는 것이 축적되기 시작한다. 이 물질이 다른 독소와 마찬가지로 현실에 존재하고 위험한 물질이라는 사실은 화학적 분석을 통해 이미 밝혀진 사실이다.

또한, 갑작스러운 흥분도 신경에 긴장을 초래한다. 문이 갑자기 쾅 하고 닫히거나 접시가 떨어져 깨지게 되면 깜짝 놀라고, 바로 옆에서 자동차 경적이 울리면 당장이라도 차가 달려들 것 같은 느낌이 든다. 나쁜 소식이나 좋은 소식을 듣게 되더라도 흥분을 한다. 요컨대 우리의 신경은 하루 종일 셀 수 없을 정도로 많은 돌발적인 사태에 반응하고 있다.

위험을 알리는 정보와 예상치 못했던 정보를 오감이 감지하면 일련의 순환적인 신경반응이 일어난다. 먼저 지각신경이 사실을 보고하여 근육을 지배하고 있는 운동신경이 빛과 같은 속도로 반응하여 근육을 움직인다. 그 속에는 테이블의 책을 집어 드는 것과 같은 의식적, 자의적인 움직임이 있는가 하면, 눈을 깜박이는 것과 같은 무의식적, 타의적인 움직임도 있다. 이러한 근육의 움직임은 모두 뇌에 분노, 공포, 기쁨, 만족, 불안 등과 같은 정서라 불리는 충동을 불러일으킨다.

그리고 이번에는 그 정서 때문에 지속적으로 근육이 흥분을 하게 된다. 이 신경의 악순환을 자동적으로 멈추게 하는 브레이크나 제어장치가 없다면 몸이라는 기계가 쉽게 마모되어 버린다는 것은 쉽게 상상할 수 있을 것이다.

몸이 쉬고 있는 동안 우리의 작은 보초인 신경은 잠을 자지 않고 경계해야 하는 임무에서 해방되어 모든 방법을 동원해 피로를 풀어주어 기운을 되찾으려 노력한다. 근육의 긴장이 풀어지고 호흡은 깊어지고 규칙적으로 바뀐다. 푸른 색 정맥의 피는 정화되고 재생되어 산소가 포함된 붉은 동맥의 피가 된다.

피로를 풀어주는 이러한 기능은 몸이 안정을 되찾아 그 기능을 방해를 받지 않을 때가 훨씬 더 빨리 작용을 한다. 근육 속의 피로물질이 청소되면 뇌의 불순물이 제거된다. 그러기 위해서는 아주 평범하고 편안하게 숙면을 취하기만 하면 된다. 이것이라면 누구라도 가능하다.

사람은 잠을 자지 않고는 살 수 없다. 밥은 몇 끼 굶어도 괜찮지만 잠을 잘 수 없다면 뇌에 이상이 생기거나 죽거나 둘 중에 하나다. 옛날 중국에서는 죄인을 고문할 때 잠을 재우지 않는 방법을 쓰기도 했다. 죄인을 계속 걷게 하여 채찍질을 하면서 잠을 깨운 것이다. 쇠약해진 죄인은 고통 속에서 결국 죽는다고 한다.

이 이야기를 통해서도 알 수 있듯이 잠은 우리에게 있어서 무엇과도 바꿀 수 없는 것이다. 잠을 자고 있을 때는 눈을 뜨고 있을 때처럼 결코 불가능한 피로의 해소, 활기를 되찾아주는 과정이 진행되는데, 이것이 없다면 우리의 몸은 순식간에 유해물질에 오염되어 살아갈 수가 없다.

열심히 사는 사람은 열심히 잔다

수면을 얼마만큼 유익한 것으로 만들지는 그 사람의 마음에 달려 있다. 잠자리에서까지 걱정해서는 안 된다. 잠자리에서는 뭔가를 고민하거나, 예정하거나, 말을 해서는 안 된다. 그저 충분히 몸의 긴장을 풀고 몸속의 기관이 다시 생명력으로 가득 차 있는 모습을 연상하자.

무한으로 펼쳐진 바다가 당신 속의 모든 원자로 밀려와 당신을 맑게 정화해 신성한 힘으로 다시 당신을 생명력으로 가득 채워줄 것이다. 그런 바다가 가진 강력하고 창조적인 힘을 연상하자. 그러면 다음 날 아침에는 밝고 활력 넘치는 기분으로 눈을 뜨게 될 것이다. 활력이 넘치면서 희망과 힘과 자신감으로 가득 찰 것이다. 잠자리에 들기 전에 자연이 감미롭게 마취하는 모습을 떠올리자.

자연이 몸속의 모든 세포를 재생시켜 새로운 당신을 만들어 준다. 수면이란 정말로 불가사의한 것이다. 그것은 마치 기적과도 같다.

잠자리에 들기 전에 마음도 목욕 재개하여 깨끗하게 바꾸어주는 것이 좋다. 불유쾌한 일이나 이해할 수 없는 것, 우울한 것은 모두 잊어버리자. 질투와 증오 등 부드럽지 않은 감정도 전부 버리자. 언제까지나 젊음을 유지하고 싶다면 남에게 악의를 품지 말고 잠자리에 들어야 한다.

잠자리에 들 때는 창문을 활짝 열어 환기를 시키고 이불은 너무 무겁지 않은 것을 덮도록 하자. 그러는 편이 아침에 눈을 떴을 때 훨씬 기분이 좋을 것이다. 신선한 공기를 마시는 것은 생명에 새로운 힘을 부여하는 것을 의미한다. 생명의 원천인 산소는 혈액으로 들어가 전신의 세포를 활성화한다. 밤새 탁한 공기를 마시게 되면 건강을 해치게 되어 정신적인 면에도 악영향을 끼치는 것은 물론이고 다음날 업무 능률도 크게 떨어질 것이다.

의사들은 자주 "감기는 기 때문이다."라는 말을 한다. 야생 동물은 거의 감기에 걸리지 않는다. 동물이 감기에 걸리게 된 것은 인간이 동물을 키우게 되면서부터.

야생마는 감기에 걸리지 않지만, 마구간의 말에게는 모포를 덮어주고 인공적인 환경 속에서 신선한 공기를 접할 수 없는 말은 감기에 걸린다. 게다가 지나치게 모포를 많이 덮어주거나 바람이 통하지 않는 마구간일수록 말이 감기에 걸리기 쉽다. 항상 집 밖에서 뛰어노는 개가 감기에 걸린 것을 본 적이 있는가?

야외생활을 하는 변방 민족들은 거의 감기에 걸리지 않는다. 사람도 원래 감기에 걸리는 동물이 아니다. 이것은 집안에서 생활하는 인간의 위대한 문명이 가져다준 '은혜'의 하나이다. 계절에 상관없이 외부의 공기를 접촉하도록 하자. 잠을 잘 때는 창문을 열어두자. 결코, 스스로를 나약하게 만들어서는 안 된다.

실력을 발휘할 수 있을지는 완벽한 수면을 취했는가에 달려 있다. 다시 말해 노동으로 지친 하루의 피로를 풀어주고 상처 난 곳을 모두 치유하여 다시 원래의 모습으로 되돌려주는 수면을 취할 수 있는가를 말하는 것이다.

잠을 잘 잔 사람은 체력이 넘치고 쾌활하다. 모든 것에 열중할 수 있다. 배짱도 좋다. 자연의 힘으로 전신의 세포가 거의 완벽하게 피로를 풀어주고 활기와 젊음을 되찾을 수 있다면 수명은 늘어날 것이다. 그리고 새로운 기회가 주어졌다는 기분이 들 것이다. 매일 아침마다 오늘도 뭔가 해낼 수 있을 것 같다는 기분이 들 것이다.

충분한 수면은 힘이 된다. 활력과 기력이 샘솟는다. 생각했던 대로의 인생을 살아가겠다는 자신감과 에너지가 용솟음치는 것이다.

Making Friends With Our Nerves

마음의 짐을 내려놓고
편안한 꿈을 꾸기 위해!

　수면을 취하는 방법은 크게 다음과 같이 네 가지 타입이 있다. 수면이 부족한 사람, 수면이 지나친 사람, 잘못된 수면을 취하는 사람, 바른 수면을 취하는 사람이다.

　수면이 부족한 사람, 혹은 자신은 그런 것이 아닐까 생각하는 사람은 신경의 부조화를 호소하는 사람이 많다. '신경이 고조돼 잠을 잘 수 없다.' 거나 '원래부터 신경질적이라 신경이 쉴 새가 없다.' 고 하지만, 실제로는 신경과 불면은 전혀 관계가 없다. 신경은 잠을 자지 않는다는 사실만을 보고할 뿐이다.

　불면증으로 고생할 때는 '신경' 의 다른 원인을 찾아야 한다. 침실 환기가 충분한지, 몸에 좋은 음식을 먹고 있는지, 잠자리에 들기 전에 음식을 먹지 않았는지, 과로하지 않았는지, 걱정거리는 없는지, 솔직하게 생각해 보자.

본인은 불면증이라고 생각하고 있지만 실제로는 그렇지 않은 경우가 적지 않다. 다시 말해 생각했던 것보다 잠을 잘 자는 사람이 많다는 뜻이다. 잠이 오지 않는 밤은 실제보다 길게 느껴지기 때문에 불면증이라고 착각하는 것도 무리는 아니다.

대부분의 사람은 잠을 자지 못했다는 꿈을 꾸고 있다. 잠을 자지 못한다는 것을 걱정하면서 공포까지 느끼기 때문에 잠을 자지 못한다는 꿈을 꾼다. 아직 눈을 뜨고 있다고 착각을 하면서 잠을 자지 못한 탓에 아침에 일어나도 피로가 풀리지 않았다고 생각한다. 그러나 그것은 대부분 착각에 불과하다.

나는 작년에 심한 불면증으로 고생한 적이 있는데, 담을 뛰어넘는 양의 숫자를 헤아려도, 무언가에 집중하려 해도 아무런 도움이 되지 않았다. 그것은 곧 어떻게든 해야겠다는 불면증의 원인이 된 것이다.

생리학적으로 볼 때 수면 중에, 특히 숙면하고 있을 때는 뇌의 혈액이 조금 감소한다. 그 때문에 잠자리에서 무언가를 생각하는 것은 좋지 않다. 쉽게 잠을 이루지 못할 때는 더더욱 그렇다. 무언가 한가지 것에 집중하려 하면 그로 인해 결국 잠을 이루지 못하게 된다. 뇌가 잠들게 하기 위해서는 강제로 무언가를 하려 하지 말고 멍하니 있는 것이 제일이다.

수면부족이 아니라 수면과다인 경우도 많다. 그들은 별로 피곤하지 않은 상태에서 잠자리에 들어가 늦잠을 자는 버릇이 들어 있다. 밤 10시에 자서 아침 6시에 일어나면, 혹은 12시에 자서 7시에 일어나면 충분히 피로가 풀린다. 귀중한 24시간 중에 이만큼의 시간만 할애하면 충분하다. 또한, 사람은 8시간만 자면 충분하다고 하지만 대부분의 사람은 그보다 적게 자더라도 충분하다.

에디슨은 오랫동안 하루에 5, 6시간밖에 잠을 자지 않았지만, 그의 두뇌는 항상 명석했다. 영국의 유명한 의사 J. 싱클레어는 이렇게 말하고 있다.

"지나친 수면만큼 몸에 해로운 것이 없다. 그로 인해 발생하는 혈액순환의 부조화가 비만, 전신부종, 기면증, 뇌졸중을 비롯하여 온갖 병의 원인이 된다."

다시 말해 오래 자면 잘수록 몸은 더욱더 잠을 원하게 된다는 것이다. 그리고 싱클레어는 이어서 지나친 수면은 이들 증상과 함께 신경 에너지의 저하를 초래하여 생명을 단축하기 때문에 성인이 7시간 이상 자지 않는 것이 좋다고 한다.

감리교의 위대한 설교가인 존 웨슬리는 61살 무렵에 매일 아침 4시에 일어났고, 수면은 6시간 이내로 정하고 있었다. 또한, 유명한 음악가 줄리어스 베네딕트는 81살까지 살았지만, 수면 시간은 4시간 정도였다.

봄과 여름의 아침, 5시에서 6시에 일어나 아침 식사 전에 활기차게 산책이나 가벼운 운동을 한 적이 있는가? 한번 시험해보고 얼마나 상쾌한지를 느끼길 바란다. 이것이야말로 하루 중에 가장 멋진 시간이다.

아침은 만물이 생기를 되찾아 새로운 활력으로 가득 차 있다. 새들은 다른 시간보다 활기찬 목소리로 지저귀고 공기 또한 맛있다. 대지의 여기저기서 기쁨이 가득 넘치고 있다. 걱정거리는 옷이 저절로 흘러내리듯이 자신도 모르는 사이에 머릿속에서 사라져버린다. 아침에 식탁에 앉을 때는 이전보다 훨씬 젊어진 기분이 들 것이다.

이불이 무거워 숙면을 취하지 못하는 경우도 왕왕 있다. 지나치게 이불을 많이 덮으면 가슴이 압박되어 혈액 순환이 나빠지기 때문이다. 또한, 방안의 환기가 좋지 않거나 온도가 너무 높아서 숙면을 취하지 못하는 경우도 있다.

8시간 이상 잠을 자는데도 피로가 풀리지 않을 때는 수면 시간을 1시간 정도 줄여보자. 졸릴 때까지 책을 읽는 것도 좋다. 더는 버티지 못할 정도로 머리가 멍해지면 잠자리에 들어가 편안하게 모든 것을 다 잊어버리자. 이것을 두세 번 시험해 보면 보통은 금세 잠이 들게 된다.

또한, 일찍 일어나기 위해서 이런 방법도 있다. 자명종을 맞추듯이 '머리를 세팅' 하는 것이다. 잠을 잘 때 '7시에 일어나겠어.' 라고 스스로 다짐을 하자. 그러면 당신이 꿈나라에 있는 시간을 책임지고 있는 잠재의식이 그 메시지를 기록해 두었을 것이다. 자명종은 자연이 마련해 준 것 이외에 달리 필요가 없다는 것을 금방 깨닫게 될 것이다.

수면에 문제가 없는 대부분의 사람에게는 더 덧붙일 말이 거의 없다. 몇몇 간단한 것만을 지킨다면 그걸로 충분하다. 그것들을 정리해 보면 다음과 같다.

> 졸리기 전까지 잠자리에 들지 말 것.
> 아침 늦게까지 잠을 자지 말 것.
> 건강하다면 낮잠을 자지 말 것.

얼마나 '많이'가 아니라 얼마나 '적은' 수면으로 하루를 보낼 수 있을 지 한 번 시험해보기 바란다.

잠자리에 걱정거리를 끌어들여서는 안 된다.

잠자리에 들면 이런저런 생각을 하거나 이야기를 해서는 안 된다.

화를 내거나 질투와 같은 불유쾌한 감정도 잠자리에 끌어들여서는 안 된다.

"날이 저물 때까지 화가 난 채로 있어서는 안 된다." (신약성서 에페소인 들에게 보낸 편지 제4장 26절)

흥분해서는 안 된다.

침실은 가능한 한 어둡게 하자.

창문은 충분히 열어두자.

난방을 켠 채 자지 말자.

몸이 완전히 지쳤을 때는 목욕을 하자.

과식이나 위가 더부룩하여 불쾌할 때는 중탄산염 한 줌을 더운 물에 풀어 마시면 좋다.

잠자리에 들기 전에는 물은 물론이고 다른 음료도 지나치게 마시면 안 된다.

잠자리에 들기 전에 두세 번 심호흡하고 '준비' 체조를 하는 것도 좋다.

앉아서 일을 많이 하는 사람은 잠자리에 들기 전에 샌드위치와 같은 가벼운 음식을 약간 먹으면 머리의 혈액이 위로 내려가 편안하게 잠을 잘 수 있다. 하지만 과식은 주의하자.

그리고 마지막으로 무릎을 꿇고 기도를 하는 옛 기독교인들의 습관은 생각했던 것 이상으로 중요하고 의미심장한 것이다. 기도함으로써 그 사람의 고통은 신에게로 보내진다. 그리고 마음의 짐을 친절한 신에게 맡기면 긴 안락의자의 주름에 둘러싸인 채 누워 편안하게 꿈을 꿀 수 있다.

'건강의 비결'은 이 사고방식에 있다

이미 잘 알고 있듯이 인간의 몸은 지성을 갖춘 세포의 집합체이고 그곳에는 신경이라 불리는 뛰어난 전신망이 퍼져 있는데, 이것이 사실이라면 건강을 조절하고 있는 것은 마음이라는 사실 또한 당연히 진실이어야 한다.

우리는 마음이 가진 힘으로 통증과 고통을 이겨낼 수 있다. 세상의 그어떤 약이나 의사보다도 행복을 추구하는 힘이 훨씬 더 효과가 크다. 역으로 말하자면 그 힘은 불행을 추구하는 힘에 지지 않을 정도로 크다.

항상 병에 대해서만 생각하고 있으면, 다시 말해 "나는 병이 들었어. 아니, 이런 병일지도 몰라." "병에는 유전적 요인이 관계가 있기 때문에 언젠가 반드시 발병할 거야."와 같은 식으로 건강에 대하여 걱정을 하면 반드시 크게 건강을 해치게 된다.

마음의 조화를 잃고, 병만 생각하고, 병이 든 자신의 모습을 생생하게 떠올리고, 공포에 사로잡혀 망상에 사로잡혀 초조해 하고, 화를 내고, 증오하고, 질투하고, 욕망에 사로잡혀 자기밖에 모르는 이러한 것들은 모두 건강을 해치는 원인이 된다.

건강해지고 싶다면 자신이 건강하다고 생각하고 단언해야 한다. 항상 건강한 자신을 상상하며 이미지를 떠올리고 실천하는 마음가짐을 깨지 말고 언제나 그 이미지대로 자신은 건강하다고 믿어야 한다. 결코, 불안하게 느끼거나 무서워하는 병에 대해 이야기를 해서는 안 된다. 병에 대하여 이야기하거나, 상상하거나, 생각해서는 안 된다.

기운이 나고 위로가 되는 것, 용기와 희망, 자신감을 심어줄 수 있는 것이 있다면, 혹은 언젠가 좋은 일이 생길 것이라는 기대가 있다면 실제로 적혈구의 수가 증가한다. 적혈구는 몸의 모든 기능에 대하여 강장제나 자극제의 역할을 해주는 것이다.

또한, 걱정거리, 낙담, 두려움, 질투, 나쁜 짓, 죄를 저지르는 것, 남에게 상처를 주는 것, 타인에게 냉담하고 신랄한 눈길을 보내는 것, 이러한 모든 것은 적혈구를 파괴해 생명력을 저하한다.

몸 상태가 좋지 않은 사람은 부정적인 사고방식을 버리고 밝고 적극적으로 생각해야 한다. 병에 대한 생각이 아니라 건강에 대하여 생각해야 한다. 점점 쇠약해져가는 불길한 상상을 멈추고 강한 자신을 떠올려야 한다. 자신이 두려워하던 것을 의식해서는 안 된다. 자신이 원하는 모습을 의식하는 것이 가장 중요하다.

인간은 마음 때문에 감기에 걸린다!

선천적으로 걱정이 많은 사람이 "감기에 걸리면 어떡하지?"나 "나는 외풍에 약해."라는 말을 하는 것을 접하게 되면 안타깝다는 생각이 든다.

기분이 좋을 정도로 따뜻한 날이 아니라면 누구나 방안에 외풍이 심한 것을 싫어하는 것은 당연하다. 외풍이라는 말을 들으면 불쾌한 감기 증상이나 목이 아픈 감기 증상 등, 온갖 처량한 결과를 연상하게 된다. 그러나 신선한 공기는 창조적인 에너지이자 위대한 '화학자'인 신이 직접 실험실에서 만들어낸 것으로 생각해야 한다.

맑은 공기에는 우리를 재생시켜줄 힘이 있다. 피로를 풀어주고 새로운 에너지를 주어 재생시켜주는 힘이다.

지금도 밤공기를 쐬는 것을 무서워하는 사람이 많다. 그러나 그것은 신이 만들어준 것이자 기운을 되찾게 해주는 힘, 새로운 것을 창출해내는 힘으로 넘치고 있다. 활기와 에너지가 넘치고 몸을 만들어주는 물질과 생명과 건강의 원천인 힘으로 가득 차 있다.

감기에 걸리는 것은 외풍 때문도 물에 젖었기 때문도 아니다. 보통 동물이라면 그런 일 때문에 감기게 걸리지는 않는다. 그런데 사람이 기르는 말은 따뜻하게 감싸주고 땀을 흘리게 하면 감기에 걸린다. 그것은 인간이 계승해온 나약함과 예로부터 믿어온 착각을 말에게도 계승시켰기 때문이다.

개에게 다리가 불편하다는 착각을 일으키게도 할 수 있다. 나는 우리집 개를 시험해 봤다. 개의 다리에 붕대를 감고 걸을 때 그 다리를 쓰지 못하도록 한 것이다. 그러자 개는 정말로 며칠 동안 다리를 끌면서 걸었다. 그러나 그것은 개의 착각에 불과했다.

"다리가 젖으면 심한 감기에 걸린다."

얼마나 많은 아이가 이렇게 배우고 잘못된 상식의 피해를 보았는가! 어머니들은 아이들에게 셀 수 없을 정도로 자주 이렇게 말한다.

"다리가 젖거나, 이슬이 내린 풀밭에 들어가거나, 따뜻하게 입지 않고 찬바람을 맞으면 심한 감기에 걸린다."

그 때문에 많은 아이들이 아주 사소한 일에도 "감기에 걸리는 게 아닐까?" 놀라며 걱정을 하게 되었다. 그리고 자신의 몸이 나약하다고 굳게 믿고 평생 그 착각에 휘둘리는 삶을 살게 된다.

잘 기억해 두기 바란다. 신선한 공기에는 생명의 원천인 신의 힘이 담겨 있다. 그 속에는 건강이 가득 차 있다. 피로를 풀어주고 잃었던 기력과 힘을 되찾아 줄 에너지로 가득 채워져 있다. 어째서 그런 것을 두려워할 필요가 있겠는가? 물이나 비나 눈 또한 마찬가지이다. 그렇다면 어째서 날씨가 나쁜 날을 두려워할 필요가 있겠는가?

당신은 스스로 '외풍은 몸에 해롭다.' 라고 암시를 걸도록 하고 있다. 틀림없이 감기에 걸릴 거야, 내일 아침이면 몸이 안 좋을 거야, 눈을 뜨면 목이 아플 거야라고 굳게 믿어 그런 좋지 않은 결과를 스스로 마음속에 각인시킨다.

그러면 당연히 그러한 증상이 나타나기 쉬워진다. 왜냐하면, 당신 내면에 우위를 점하고 있는 생각은 당신 내면에 있는 창조적인 힘으로 재현되기 때문이다. 그리고 일어나지 않기를 바라는 일이 실제로 일어나게 된다.

외풍을 맞거나 다리가 젖은 다음 날, 아침에 일어났을 때 감기에 걸리지 않았다면 오히려 그것을 이상하게 여길지도 모른다. 밖에서 비를 맞아 흠뻑 젖게 되면 곧바로 체념하고 '이제 정말 감기에 걸릴 거야.' 라고 생각한다. 물론 당신이 생각하고 있는 것은 몸에도 전달된다. 마음도 몸도 '감기에 걸린다.' 라고 하는 불안감으로 가득하게 된다. 당신은 틀림없이 감기에 걸릴 것이라고 여기고 정말로 감기에 걸린다.

그러나 개중에는 그렇지 않은 사람도 있다. 그들은 기력을 쥐어짜서 단호하게 그런 힘을 물리친다.

"잠재의식은 그런 것에 영향을 받지 않아, 나는 절대로 감기 따위에 걸리지 않아, 내가 가진 신성(神性)은 나를 위협하거나 상처를 입는다고 해서 절대로 무너지지 않아."

이렇게 믿고 있는 덕분에 그것은 다시 좋은 결과로 이어진다.

마음이란 위대한 만병통치약이다. 최초로 창조적인 행위를 하신 신께는 사람을 치유하고, 회복시키고, 재생시키는 힘이 있다. 그리고 그 힘은 인간이라는 지성을 가진 체내의 각 세포에 나누어져 그곳에서 새로운 것을 만들어 상처 난 것을 치료하는 임무를 다하고 있다. 그것이 바로 세포가 가진 회복력이다.

우리가 긍정적인 자세로 자신의 건강을 믿고 그 자신감을 체내의 모든 세포에 심어준다면, 밝고 건전한 생각을 한다면 병원균이 번식할 여지는 없다.

외풍이 부는 곳에 앉는 것은 건강에 해롭다고 믿고 있는 한 결과는 생각했던 대로 이루어질 것이다. 그러나 실제로는 위대한 화학자인 신은 그 공기에 건강과 강인함의 근원이 될 성분을 섞어놓았다. 본인이 전혀 해롭지 않다고 생각한다면 공기 속에 몸에 해를 끼칠 물질은 절대로 없다.

Making Friends With Our Nerves

병은 '병을 두려워하지 않는'
사람을 멀리한다

우리는 밖에서 세찬 바람을 맞는다 하더라도 감기에 걸리지 않는다. 그런데도 사소한 외풍 정도에 감기에 걸리는 것은 왜일까? 과학적으로 설명하자면 외풍은 몸 일부분만을 차갑게 식혀 국부적인 암시를 일으키기 때문인 것 같다. 그렇다면 외풍이 사방팔방에서 불어온다면 거의 벌거벗고 있더라도 감기에 걸리지 않을 것이다.

물론 이런 과거의 상식에서 벗어날 때는 너무 서두르지 말고 잘 생각하고 결정하는 것이 좋다. 자신의 생각에 충분히 자신감이 생겨 전혀 불안을 느끼지 않고 자신도 모르는 사이에 저절로 그렇게 되지 않는다면 충분한 효과를 볼 수 없다. 무슨 일이든 차분하게 이성적으로 행동하자. 무리는 금물이다.

미리 병에 대비하는 어리석은 짓은 그만하고 건강을 지키자. 병의 근원이 되는 착각을 버리고 건강의 근원이 되는 자신감을 배양하자. 그러면 지금 우리가 고통을 받고 있는 온갖 병으로부터 쉽게 당하지 않을 것이다. 구급 상자나 온갖 약이 들어 있는 상자가 준비되어 있다는 것은 건강에 자신이 없다고 고백하는 것과 같다.

당신이 정말로 신의 자식이라면 해를 입힐 수도 있는 모든 것들에 굴복하지 않을 것이다. 아니, 반드시 그래야만 한다. 완벽한 신의 자식 또한 완벽해야 한다. 완벽한 것으로부터 완벽하지 않은 것을 물려받는 일은 있을 수 없기 때문이다.

우리의 창조주인 신으로부터 물려받은 강인함과 크기와 비교한다면 인간 세상에서 물려받은 것은 너무도 사소한 것이다.

신의 자식이라면 '운명'과 '숙명'이라 불리는 것에 굴복해서는 안 된다. 지금은 기회가 없거나 조건이 좋지 않아 발목을 잡혀 있다고 여길지도 모르지만, 결코 그런 것에 굴복해서는 안 된다. 전지전능한 신의 자식이라면 당신에게도 그 지혜가 계승되었을 것이다.

나는 몸의 어디가 약하다는 식으로 생각해서는 안 된다. 뇌도 근육도 내장도 신경도 모두 마음먹은 대로 조절할 수 있다고 믿자. 많은 사람이 그렇게 하고 있으니 당신 또한 반드시 할 수 있다.

아이들에게는 부정과 불안에 휩싸인 삶이 아니라 자신감과 신념을 기반으로 한 이 새로운 삶의 방식을 가르치자. 자신의 건강은 스스로 지킬수 있다는 자신감을 모든 아이에게 인식시켜야 한다. 아이들에게 건강을 지킬 수 있는 사고방식을 심어주어야 한다. 강한 자신감을 심어주어 아이와 병 사이에 튼튼한 방호벽을 세워줘야 한다. 이것이 최고의 생명보험이다.

자신에게 실력이 있고 하면 된다는 자신감을 심어주는 것 또한 중요하지만, 건강에 자신감을 갖는 것, 앞으로도 튼튼하고 건강하게 이겨낼 수 있다, 몸속의 모든 기관이 정상적으로 작용하고 있다, 모든 지적 능력도 충분히 발휘할 수 있다는 믿음이 필요하다.

일 뿐만이 아니라 건강에도 자신감을 느끼는 것이 창조적인 힘을 발휘하기 위한 원동력이 된다. 역으로 건강에 대해 자신감 부족, 자신은 약하다, 건강해질 수 없다는 착각, 나약한 탓에 인생의 커다란 목적을 달성하지 못하고 끝낼 수 있다는 불안감, 혹은 언젠가 유전병이 발병하는 것이 아닐까 하는 공포, 이 모든 것들이 부담으로 작용하여 자연이 세포 속에 만들고자 하는 것들을 파괴한다.

내가 알고 있는 한 여성은 항상 건강에 자신이 없어 남들만큼 건강하지 못하다고 착각하고 살았다고 한다. 어릴 적부터 평생 허약한 채 누워 지내는 것과 마찬가지였다. 환자가 될 것이라고 믿으며 특별히 아픈 곳이 없는데도 남들처럼 살 수 없다고 생각했던 것 같다.

어릴 적부터 누군가 자신을 돌봐주었기 때문에 혼자서는 아무것도 할 수 없고 모든 것을 누군가 대신해 주는 습관 때문에 환자라는 의식이 몸에 밴 것이다. 허약한 어릴 적의 경험이 그녀의 강박관념이 되어 버린 것이다.

그러나 위험 상황에 닥치게 되면 이 여성의 그러한 착각은 깨끗이 해소될 것으로 생각한다. 집에 불이 났거나 아이의 목숨이 위급한 상황에 닥치게 되면 그녀 자신도 생각하지 못했던 힘을 발휘하게 될 것이다.

그와 마찬가지로 그녀의 인식이 바뀌어 스스로 건강해지겠다는 희망과 기대를 품게 된다면, 다시 말해 스스로 건강하고 행복해지기 위해 태어났다는 사실을 깨닫기만 한다면 그녀의 인생은 완전히 바뀌게 될 것이다.

정말로 많은 사람이 자신이 나약하다는 강박관념에 사로잡혀 있다. 위험한 상황과 긴급사태, 어떤 사고와 우연히 만났을 때, 나약하다고 여겼던 사람이 충격으로 인해 보통 사람과 다르지 않은 힘을 발휘하곤 하는 예를 보면 그것이 단순한 강박관념에 지나지 않는다는 것은 틀림없는 사실이다. 시카고의 큰 화재, 샌프란시스코의 지진 때도 그런 예를 얼마든지 확인할 수 있었다.

그중에는 지금까지 오랫동안 방에서 한 걸음도 나간 적이 없었던 사람이 있었는데, 그들은 매우 급한 상황이 닥치면 침대에서 일어나 스스로 탈출하는 것은 물론이고 활활 타오르는 집안에서 귀중품을 꺼내는 데 도움을 주기도 했다. 뿐만 아니라 비바람을 맞으며 야영생활을 하는 것은 꿈조차 꿀 수 없었지만 불가피한 텐트 생활 덕분에 건강을 되찾아 본인도 깜짝 놀랐다는 예도 있다.

'불행의 유전' 이라는 것에
휘둘리고 있는 건 아닌가?

신념과 자신감이 건강에 얼마나 큰 영향을 끼치는지를 아는 사람은 거의 없다. 건강에 자신이 있다면 정말로 건강해질 수 있다. 사소한 일에도 '혹시 병에 걸린 게 아닐까?' 고민하거나 유전적으로 허약한 체질을 물려받았기 때문에 건강할 수 없다고 여긴다면 어떻게 건강해질 수 있겠는가?

여기서 잠시 중요한 사실을 떠올리기 바란다. 우리는 어떤 병이나 체질을 물려받았다고 하더라도 그보다 훨씬 강해질 수 있는 훌륭한 자질, 다시 말해 신이 선물해준 힘이 잠재되어 있기 때문에 유전적 불리함을 극복할 수 있다는 사실이다.

건강과 성공과 행복은 선천적인 우리의 특권이기 때문에 반드시 손에 넣을 수 있다는 원칙 앞에서는 부모로부터 물려받은 불행 따위는 전혀 문제가 되지 않는다. 그럼에도 불구하고 수많은 사람이 옛날부터 잘못된 상식 때문에 휘둘리고 있다.

예를 들어 성공한 사업가와 그의 아내가 집을 새로 짓기 위해 고민을 하고 있다고 하자. 두 사람은 지금 사는 집보다 훨씬 개성적이고 훨씬 멋진 집을 짓기 위해 고민을 한다.

그런데 실제로는 지금까지 살던 집의 결점과 불편한 점까지 그대로 새 집에 반영하여 비슷한 집을 짓고 만다. 왜냐하면, 두 사람 모두 지금의 집에 완전히 익숙해져 있기 때문이다. 다시 말해 쾌적하지 않고 불편한 점까지 이미 익숙해져 있는 것이다. 새 집을 짓더라도 옛 집만큼 편안하게 느끼지 못할 것이다.

이 부부와 같은 사람들은 설령 튼튼하고 건강한 몸과 단련된 정신, 유연한 신경을 스스로 쟁취하였더라도 반드시 '병이 들지도 몰라.' '유전적 영향은 어쩔 수가 없어.' 와 같은 잘못된 생각에 현혹되고 만다.

병으로 고통을 받고 있는 사람은 자신의 건강한 모습을 항상 연상하며 건강하고 쾌적한 삶을 살기 위해 노력해야 한다. 반드시 건강해질 수 있다고 믿고 직접 말을 하면서 가능한 건강해 보이도록 노력하자. 그러면 건강이라는 이상이 실현될 것이다.

병에 가장 좋은 약은 머릿속을 건강으로 가득 채우는 것이다. 이 약이 병의 독소를 중화시켜 준다.

병 때문에 걱정하며 머릿속으로 최악의 상황을 떠올리면서 의기소침하여 의학서적을 뒤져서는 안 된다. 기분이 울적해지는 상황을 떠올리며 병에 대한 이미지를 마음속 깊이 새기게 된다면 절대로 좋아질 수 없다.

이런 마음으로는 제아무리 효과가 뛰어난 약을 먹는다고 하더라도 약효가 없을 것이고, 아무리 명의의 치료를 받더라도 전혀 도움이 되지 않을 것이다. 건강해지기 위해서는 건강한 모습을 생각해야 한다.

위대한 음악가가 되고 싶은 학생이 귀에 거슬리는 곡만 연습하고 그런 음악만 생각한다면 절대로 위대한 음악가가 될 수 없다는 것은 누구나 이해할 수 있을 것이다.

그런 바보 같은 사람이 있겠냐고 생각할지도 모른다. 그러나 병 때문에 괴로워하고 건강해지고 싶다고 진심으로 바라는 사람이 고통의 원인인 병에 대하여 끊임없이 생각하는 것이 더 어리석은 것이 아닐까?

생각이 육체에 많은 영향을 끼친다는 사실을 보여주는 예는 우리 주변에 얼마든지 있다. 항상 이상을 품고 그로 인해 건강하고 열심히 일할 수 있다면, 그리고 항상 밝고 적극적인 마음으로 살면서 실력을 쌓아갈 수 있다면 얼마나 훌륭한 일인가? 그리고 그것이야말로 신이 바라는 것이다.

중요한 것은 자신이 원하는 모습에만 마음을 집중시키는 것, 그것을 위해 노력하는 것이다. 건강해지고 싶고 건전한 몸과 마음으로 살고 싶다고 마음속 깊이 염원하는 것이다.

Making Friends With Our Nerves

믿는 것은 현실이 되고,
생각했던 것은 사실이 된다

우리의 가장 큰 결점은 인간에게 근심과 병은 항상 따라오기 마련이라는 과거의 잘못된 상식에 사로잡히는 것이다. 우리는 근심과 병이 생기는 것은 인생을 풍요롭고 가치 있는 것으로 만들기 위해 신이 인간에게 시련을 주는 것이라는 말을 어릴 적부터 귀가 닳도록 들어왔다. 갓난아기 때부터 괴로움은 필요한 것이라고 주입 당해 온 것이다. 우리는 이런 말을 들으며 자랐다.

"아이들은 잔병치레를 하며 자라기 마련이다. 백일해, 홍역, 수두 반드시 치러야 하는 질병이다. 때문에 빠르면 빠를수록 좋다."

고지식한 어머니나 할머니는 일부러 아이들에게 이러한 병에 걸리게 하기도 했다.

대체 언제나 돼야 감수성이 예민한 아이들의 마음에 잘못된 상식을 심어주는 것을 멈출 것인가? 이제부터라도 부모는 아이들에게 자신들이

205

바라는 것을 가르쳐 주어야 한다. 강하고 건강한 자식의 모습을 연상하고 나약한 자식의 모습은 머릿속에서 완전히 지워버려야 한다. 물론 주의를 게을리해서는 안 되겠지만 '건강하다, 틀림없이 씩씩하게 자랄 것이다.'라고 믿으며 철저한 준비를 해야 한다.

건강하게 살기 위해서는 하면 할 수 있다는 자신감과 함께 건강에도 자신을 가져야 한다. 자신이 병약하다거나 이것도 못하고 저것도 하지 못한다는 맹신하는 것은 자기 자신과 자신의 능력에 족쇄를 채워 일부러 불리한 상황을 만드는 것이고, 선천적인 용기와 독창성과 실천력을 수포로 돌아가게 하기 때문이다.

뭔가 보람이 있는 일을 하고 싶다면 먼저 자신감을 가져야 한다. 할 수 있다고 생각하지 않는다면 아무것도 할 수 없다. 건강에 자신이 없어 아직은 발병을 하지 않았지만 언젠가는 반드시 발병하여 성공의 큰 걸림돌이 될지도 모른다고 생각한다면 실제로 발병을 하지 않더라도 발병을 한 것이나 마찬가지이다. 왜냐하면, 갈 수 있다고 믿는 곳까지만 갈 수 있기 때문이다.

건강해질 수 없다고 믿으면 결코 건강해질 수 없다. 실제 건강 상태, 어느 곳의 상태가 좋지 않은가는 별로 상관이 없다. 무언가를 해낼 수 있다는 것에 관해서는 할 수 있다고 생각하면 당신에게는 그것이 사실이 되는 것이다.

실현할 수 있다고 믿는 것은 실현되기 쉽다. 그렇다면 실제로 병이나 몸의 장애가 없는 데도 있다고 믿는다면 그 믿음 때문에 병이나 장애가 나타나는 경우도 있다는 것이다.

예를 들어 집안 대대로 결핵을 앓아왔기 때문에 틀림없이 본인도 그렇게 될 것이라고 믿는다면 정말로 결핵에 걸려버린다. 병의 그림자를 두려워하고 있으면 활력이 떨어지고 영양 상태도 나빠져서 결핵이 발병하기에 최적의 상태가 된다.

기력이 충실하다면 그런 일은 미리 방지할 수 있다. 훈련한다면 법률이나 공학의 지식을 얻을 수 있는 것처럼 기력도 몸에 익힐 수가 있다. 생각에도 활력이 필요하다. 진취적이고 창조적이고 긍정적 사고방식을 가져야 한다. 정신적인 강인함을 배양하기 위해서는 강력한 생각, 강력한 사고방식을 가져야 한다.

바르게 살기 위해서는 반드시 건강해야 한다. 건강하기 위해서는 적절한 사고방식은 필수조건이다. 그러므로 건전한 사고방식이야말로 그 사람의 인간성을 진정으로 유지해 줄 수 있다고 할 수 있다. 죄악과 남을 괴롭히는 것뿐만이 아니라 악의적인 행위나 천박한 생각을 버려야 한다.

몸의 건강이 좋지 않은 사람, 혹은 특별히 나쁜 곳은 없지만 그렇다고 해서 좋다고 할 수 없는 사람은 자신이 바라는 자신, 활기차고 건강하여 무슨 일이든 적극적이고 과감하게 도전하는 자신의 모습을 가능하면 선명하게 머릿속에 연상해 보면 좋다. 특히 잠들기 직전에 하는 것이 가장 효과적이다.

이렇게 의식을 바꾸기만 하여도 놀랄 만큼 몸 상태가 좋아진다. 왜냐하면, 몸의 상태가 나쁜 것은 현재 자신에 대한 평가가 몸속의 모든 세포에 영향을 미치고 있기 때문이다. 따라서 세포가 그 영향을 받기 전에 의식을 바꿔야 한다.

이제부터는 매일 아침, 눈을 뜨면 다음의 내용을 새롭고 적극적인 생활신조로 자신에게 들려주기로 하자. 그날 하루 동안 이 말을 잊지 않도록 하자. 그러면 하루하루의 삶이 훨씬 가벼워질 것이다. 신경의 고통을 당하는 일이 없이 온화하고 활기차게 생활할 수 있는 날이 그리 멀지 않았을 것이다.

이 말은 바오로의 말로 여기에는 건강, 조화, 행복, 덕, 이 모든 것과 통하는 원칙이 제시되어 있다.

"여러분은 무엇이든 참된 것과 고상한 것과 옳은 것과 순결한 것과 사랑스러운 것과 영예로운 것과 덕스럽고 칭찬할 만한 것들을 마음속에 품으십시오."(신약성서 필립비인들에게 보낸 편지 4장 8절)

CHAPTER 5

인생의 리더십을
내 손에

가지지 않은 즐거움, 가지고 있는 괴로움

최근 뉴욕에 사는 한 갑부 사업가가 왜 이렇게 몸 여기저기가 아픈지 모르겠다며 투덜거리는 소리를 하는 걸 들었다. 그는 주치의에게 정기적으로 건강진단을 받는다고 했다. 그런데도 항상 몸이 좋지 않다고 했다.

나는 이 남성과 어릴 적부터 잘 아는 사이인데, 내가 그의 질문에 대답한다면 아마 이렇게 말해주었을 것이다.

"자네는 부자가 건강하다고 생각하고 있는 것 같지만 실제로는 그렇지 않다네. 부자가 건강할 수 있는 건 상당히 어려운 일이지."

즐거운 일이 너무 많고 사업도 기분전환도 지나치다. 이 남성도 알코올중독까지는 아니지만 자주 위스키를 마시며 뇌에 강한 자극을 주고 있다. 모든 것이 지나치게 많아 몸이 맹렬한 속도로 능력 이상의 활동을 해야만 했다. 이런 생활이 그의 몸 상태를 이상하게 바꾸어 놓아 정상적인 기능을 방해하고 있다.

그는 뉴잉글랜드의 가난한 농가에서 태어나 소박하게 자랐지만 젊어서 일찍 갑부가 되면서 생활이 번잡해졌고 음식도 사치스러워졌다. 그리고 위가 아프고 몸 여기저기가 아프다는 말을 항상 입에 달고 살았다.

그는 오랫동안 신경을 혹사해 왔다. 뇌에도 신경에도 탐욕에도 무리를 해왔다. 삼시 세끼 진수성찬으로 지금까지 맛보지 못했던 쾌락과 새로운 자극을 탐닉해 왔다. 방탕하다고까지는 할 수 없지만, 조물주의 눈으로 본다면 그럴지도 모르겠다. 왜냐하면, 건강을 해치는 행동을 끝에서 끝까지 다 하며 살아왔기 때문이다.

그는 솔직하게 인정했다.

"어릴 때 부자가 되면 이것도 하고 싶고 저것도 하고 싶다고 꿈을 꿨기 때문에 당시에 꿈꿨던 행복을 쟁취하기 위해 뭐든 닥치는 대로 해봤지요. 하지만 아쉽게도 원하던 결과는 얻지 못했습니다."

그리고 내게 이런 하소연을 하기도 했다.

"아무리 즐거운 일이라도 지나치게 많거나 너무 오래 하여 질린다는 생각이 드는 순간 몸에 받아들이지 않게 됐죠. 대체 왜 그런지 모르겠어요."

"가난했던 어린 시절에 1만 달러만 있으면 무엇이든 손에 넣을 수 있다고 생각했습니다. 지금 수백만 달러로 살 수 있다면, 젊은 시절 눈앞의 신기루 속에서 보았던 것이 실현될 수 있다면, 그리고 여행과 독서와 예술에서 얻을 수 있는 무한한 희열, 친구와의 교류와 한가롭게 보낼 수 있는 시간에서 얻을 수 있는 무한한 행복을 손에 넣고 인생의 무게를 느끼지 않도록 악착같은 삶에서 해방될 수만 있다면 모든 것을 버려도 상관 없습니다."

이 남성은 전형적인 현대인이다. 생활 레벨과 관계없이 우리 주변에 있는 사소한 기쁨에 만족하지 못하고 신기루만을 좇고 있다. 다른 곳에 있는 것을 찾으려 하고, 더욱 나쁜 것은 남에게 지지 않기 위해 노력하면서 맹렬한 속도로 인생을 달리고 있다.

'인격'은 영원히 당신을
배신하지 않는 '평생의 벗'

최근 100년 사이에 미국인들은 놀랄 만큼 다양한 것들을 원하게 되면서 에너지 대부분을 그 욕구를 충족시키기 위한 맹렬한 싸움에 소비하고 있다.

우리는 지금 자신보다 유복한 사람이 가지고 있는 것이라면 무엇이든 갖기를 원한다. 이 탐욕이야말로 우리 생활의 커다란 특징 중의 하나이다. 자신의 것보다 타인의 것이 더 커 보이는 것이다.

인류의 역사를 되돌아보더라도 미국인만큼 돈에 미치고, 부에 미치고, 사치에 미친 사람들이 없다. 우리는 자신이 가지고 있지 않은 것을 손에 넣기 위해 필사적인 나머지 자신이 가지고 있는 것조차 제대로 음미하지도 즐기지도 못한다.

멀리 있는 것만을 보려고 하기 때문에 가까이에 있는 것의 아름다움이 보이지 않는다. 머리 위의 과일을 따려 하다가 발밑에 있는 꽃을 짓밟고 만다.

우리는 손을 조금만 더 뻗으면 닿을 것 같은 것을 쫓는 데 열중한 나머지 힘들게 손에 넣은 것을 즐기지 못하고 있지만 정작 본인은 그 사실을 깨닫지 못하고 있다. 분수에 맞지 않은 것을 얻고 불안과 고민을 늘리고 있다.

한 신문 논설위원이 최근에 이런 글을 적었다.

"칼빈 쿨리지 대통령의 경력에서 가장 훌륭한 것 중에 하나는 지금까지 줄곧 공직에 있었으면서도 청빈한 삶을 살아왔다는 것이다. 경력과 인품 어느 것을 보더라도 그는 지금보다 소박하고 건전한 생활을 했던 100년 전의 전형적인 미국인의 후계자다운 인물이다.

쿨리지가 말한 '지금까지 살면서 단 한 번도 차를 살 수 있을 정도의 여유가 있던 적이 없다.' 라는 말은 가난하지만 높은 이상과 역량을 가진 미국의 젊은이들에게 깊은 감명을 주었다고 생각한다.

소유하고 있는 기계로 그 집안의 사회적 평가가 결정되는 속물적인 사고방식에 대하여 간소한 삶을 주장하고 있는 이 뉴잉글랜드인의 존재가 통렬한 일격을 가하고 있는 것은 틀림없다. 게다가 쿨리지는 노샘프턴에서 월세 32달러짜리 집에서 수년을 살았다고 하니 간소한 삶의 본보기로 더할 나위가 없다고 생각한다."

모든 역사를 살펴보면 알 수 있듯이 진정한 의미에서 인생을 살았다고 할 수 있는 사람들은 모두 간소한 삶을 살았다. 유복하기는커녕 빈곤

속에서 살았다고 해도 과언이 아니다.

부자만 되면 이것도 할 수 있고 저것도 손에 넣을 수 있다고 모든 사람이 생각한다. 그러나 정작 부자가 되어 보면 모든 것이 다 공수표에 불과하며 부자가 얼마나 허망한 것인지를 깨닫게 된다. 부자에게 이보다 실망스러운 것은 없다.

이 세상에 부자만큼 심하게 사람을 속이는 것이 없다. 부만큼 자주 기대를 배신하는 것이 없다. 부를 손에 넣어서 행복해진 사람은 한 사람도 없다. 부를 손에 넣으면 불만이 증가하여 욕망에 사로잡힌 인간이 되고 영혼은 불안에 초조해 하며 어딘가 다른 곳으로 가고 싶어 하거나 뭔가 다른 것을 하고 싶어 하는 끝없는 열정에 건강을 해치는 것이 보통이다. 만족하는 것은 행복해지기 위해 반드시 필요한 조건이지만 부를 손에 넣으면 자칫 만족할 수 없게 된다.

일확천금을 얻은 사람들이 제일 먼저 하고 싶어 하는 것은 원하던 것을 손에 넣고 필요한 것을 하나둘씩 늘려가면서 간소한 삶에 맞춰져 있는 몸 상태를 어지럽히는 것이다. '신경이 엉망진창이다.' 라고 하는 것은 몸이라는 간소한 기계에 복잡한 작용을 하게 하므로 먹거나 마시는 것을 억지로 즐기게 하기 때문이다.

100년 전의 유복한 가정에 필요했던 것은 현재의 평균적인 가정이 필요로 하는 것과 비교해 볼 때, 그것이 정말로 필요한 것이든 혹은 변덕 때문에 원한 것이든 최근 100년 사이에 얼마나 늘어났는지 알기 바란다.

엄청난 종류의 호화스러운 음식과 마실 것들이 즐비한 레스토랑의 계산서를 생각해 보면 좋을 것이다. 100년 전의 평균적인 가족의 복장과 지금의 것을 비교해 봐도 좋다. 100년 전의 사람들이 교회나 파티에서 입었던 단벌 신사복보다 현재의 평상복이 훨씬 고급스럽다.

지금은 가난한 가정에도 있는 생활을 편리하게 해주는 물건과 설비 대부분이 과거에는 사치품이었다. 엘리자베스 여왕은 베개 대신에 네모 난 나무를 사용했고 스프링이 들어 있는 매트리스나 에어 매트리스 등은 들어본 적도 없는 것들이었다.

행복감은 '만족할 줄 아는' 사람의 마음에만 싹튼다

우리는 자신들의 요구가 얼마나 늘어났는지, 그 요구를 충족시키기 위해 얼마나 큰 대가를 지급하고 있는지 깨닫지 못하고 있다. 미국인들 대부분은 불과 50년 전만 해도 상상조차 할 수 없을 만큼 많은 욕구를 충족시키기 위해 많은 체력을 소모하고 소중한 생명을 스스로 손으로 단축하고 있다.

자동차를 예로 살펴보자. 반세기 전에는 전혀 들어보지도 못한 이야기였다. 유복한 가정에는 마차가 있었지만 대부분 사람은 2, 3마일 정도는 걸어 다녔다. 자동차가 만들어졌을 당시에는 부자들의 장난감이었다. 그런데 지금은 어떤가? 순식간에 대량생산이 가능해지면서 지금은 가난한 가정을 포함해 모든 가정에서 자동차를 사기 위해 필사적이다.

덕분에 지출이 늘어났고 몸을 움직이는 것도 극단적으로 줄어들었다. 휴일에는 자동차를 타고 이곳저곳으로 외출하며 신이 주신 다리로 걸으려 하지 않는다. 그러면서 왜 배가 고프지 않은 건지, 왜 잠을 푹 잘 수 없는 건지 의아해 한다. 그러고는 결국 '신경 때문이다.'라고 주장을 한다.

어디든 좋으니 저녁에 퇴근하는 사람들을 태운 열차가 도착할 무렵에 역에 한 번 가보라. '피로에 찌든 샐러리맨'을 태우기 위해 마중 나온 차들이 즐비하게 늘어서 있을 것이다.

예전 같았으면 집까지 걸어갔을 것이다. 그러나 그들은 약 30분가량 열차를 타고 역에 도착하자마자 자동차에 몸을 싣고 그리 멀지 않은 집으로 향한다. 이렇게 해서 다리를 뻗어 걸으면서 신선한 공기를 듬뿍 마실 수 있는 절호의 기회를 잃게 되는 것이다.

없어서는 안 될 것과 원하는 것은 늘어만 가고 멈출 줄을 모른다. 모든 사람이 지금보다 조금 나은, 조금 복잡한 새로운 삶을 추구하고 있는 것 같다.

집 같은 집을 가지지 않은 가난한 가족이 있다고 하자. 그들에게 비바람을 피할 수 있는 집과 소박한 음식만을 준다면 그들은 그날 하루를 감사히 여길 것이다. 그러나 시간이 흐르면서 좀 더 나은 곳에서 살고 싶다는 생각을 하게 된다. 온갖 문명의 이기를 원하게 될 것이다.

아니면 검소한 옷을 주어보는 것도 좋다. 그날 하루는 고맙게 생각하겠지만 다른 사람들이 모두 더 나은 옷을 입고 있는 것을 보면 좀 더 나은 옷을 갖고 싶어 할 것이다. 남이 자동차를 가지고 있는 모습을 보면 본인도 마찬가지로 자동차를 원하게 될 것이다.

그들의 만족은 끝이 없다. 다시 말해 문제는 얼마만큼 많은 것을 가지는지, 얼마만큼 호화로운 삶을 사는지, 얼마만큼 유복해질 수 있는지가 아니다. 우리는 언제까지나 변함없이 저 먼 곳만을 바라보며 불만을 품고 있다.

이혼 재판에서 아내들은 흔히 쥐꼬리만 한 월급으로는 생활할 수 없다고 증언한다. 얼마 전 한 부잣집 여성이 증언대에 올라 이렇게 말했다.

"사교계에 모이는 상류층들은 연간 50만 달러 이하로는 제대로 된 생활을 할 수 없어요. 적어도 70만 달러 정도는 돼야 하지요."

게다가 프랑스의 명품 두세 벌 정도는 가지고 있지 않으면 진정한 상류층이라 할 수 없다고도 했다. 그녀의 구두는 모두 옷에 맞춰서 외국에서 수입한 것으로 남들이 볼 때는 대단한 낭비라고밖에 여겨지지 않을 것이지만 그녀의 처지에서 본다면 정말로 필수품이다.

뉴욕에 사는 한 지인은 가난한 소년 시절을 보내면서 5만 달러를 버는 것이 꿈이었다고 했다. 그런데 백만장자가 된 그가 "나는 여전히 가난한 것 같다."라고 털어놓았다.

뉴욕에서 백만장자는 상대도 안 해준다. 억만장자가 아니면 안 된다는 것을 깨달았기 때문이라고 했다. 연 수 백만 달러로는 가족들에게 제대로 된 사교생활을 보장할 수 없고 상류사회에서 백만장자로는 체면을 유지할 수 없다고도 했다.

그러나 그렇게 바쁜 생활을 계속하다가는 생명이 단축할 수 있다고 굳이 충고해줄 필요가 없을 것이다. 조물주가 생각했던 것 이상의 엄청난 속도로 기계를 계속해서 작동하면 기계는 얼마 못 가 망가지고 말 것이다.

현재와 같이 맹렬한 속도로 몸을 내모는 것은 적재 중량 이상으로 짐을 실은 화물차가 속도계의 한계를 초과하여 폭주하는 것과 같다. 몸에 이상이 생기고 체력이 저해되면서 건강이 위협받게 된다. 불필요한 속도 때문에 반드시 희생을 치러야 할 것이다.

과거의 간소한 삶으로 조금 돌아가 보는 것이 어떨까? 다시 말해 악착같이 일하고, 끙끙 앓으며 고민하고, 진땀을 흘려가며 초조해 하지 않는 것이야말로 신이 인간에게 바라던 삶으로 돌아가는 것이다. 그러면 비로소 우리는 진정한 행복이 무엇인지를 깨닫게 될 것이다.

Making Friends With Our Nerves

화는 반드시 자신에게로 돌아온다

"신이 멸망시키는 것은 금방 화를 내는 사람."이라는 속담이 있다. 화는 가늠하기 어려울 정도로 큰 파괴력을 가지고 있다.

사람은 화가 나면 동물적 본능에 따라 움직인다. 논리적인 사고와 판단력이 작동하지 않게 된다. 격정에 휘말리고 마는 것이다. 원래의 자신은 이성의 왕좌에서 내려오고 이성이 없는 자신이 대신한다. 그리고 원래의 차분한 자신을 되찾을 때까지 모든 것을 좌지우지한다.

알렉산더 대왕은 욱하는 성격으로 둘도 없는 친구를 죽였다. 심하게 술에 취했다고는 하지만 왕은 죽을 때까지 자책하며 괴로워했다.

교도소에서 복역 중인 죄수들에게 화가 어떤 결과를 초래했는지 물으면 온갖 안타까운 사연을 들려줄 것이다. 짧은 한순간의 행위 때문에 평생을 후회하며 살아야 하고 어쩌면 남은 인생의 자유를 잃어버릴 수도 있다. 그렇게 생각해보면 화가 얼마나 무서운 것인가?

교도소에는 화를 참지 못해 죄를 저지르고 들어온 불행한 사람들로 가득하다. 욱하는 성격 탓에 지금까지 얼마나 많은 사람이 화려한 경력을 망치고, 인생을 파멸시키고, 미래에 대한 기대를 저버렸을까?

화를 내면 몸속에서 유해 물질을 발생시키는 화학변화가 일어나 그것들이 뇌에 해를 입힌다는 사실은 잘 알려져 있다. 동물에게 죽을 때까지 고통을 주면 몸속에는 독성이 강한 물질이 생성되고 그것을 더 작은 동물에게 한 방울만 주입하면 거의 즉사를 한다고 한다.

화가 난 짧은 순간에 몸속에서 엄청난 에너지가 소비된다는 사실이 실험을 통해 밝혀졌다. 화를 낼 때 신경이 받는 충격만큼 생명을 단축하는 것이 없다. 합선된 전선이 전기 에너지를 소모하듯이 뇌의 힘이 소모되는 것이다.

건장해 보이는 남자가 업무 중의 문제로 자제심을 잃고 화가 난 모습을 보고 있으면 분노가 얼마나 엄청난 혼란을 초래하는지 알 수 있다. 남자는 거친 발소리를 내면서 이리저리 서성이며 미친 듯이 소리를 지른다. 그리고 2, 3분 동안에 엄청난 에너지를 소모하기 때문에 평소의 정신 상태에서 하루분의 일을 한 것 이상의 피로를 느낀다.

매우 유능한 한 남성은 아무런 문제가 없거나 초조하고 고민거리가 없을 때는 실력을 발휘하여 쉽게 일을 처리하였지만, 성가신 문제가 발생하면 며칠 동안 아무것도 할 수 없을 정도로 미친 듯이 화를 냈다. 그 때문에 지금까지의 모든 성과가 수포로 돌아가 손에 넣었던 모든 것을 잃게 된다.

파괴적인 기분과 생각에 사로잡히면 그동안의 노력이 수포로 돌아간다. 다시 말해 행복할 때나 진취적이었을 때 이루었던 모든 것을 잃게 되는 것이다.

가장 문제인 것은 본인이 경멸하는 상대에게는 아무리 화를 내도 괜찮다고 생각하는 사람이 많다는 것이다.

아침에 일어났을 때 기분이 별로 좋지 않을 때, 신경이 쓰이는 일이나 짜증 나는 일이 있을 때, 우리는 쉽게 가까이 있던 부하 즉, 자신의 권리를 주장할 수 없는 처지에 있는 사람이나 소극적인 성격이라 아무런 반문도 하지 못하는 사람에게 심한 화풀이를 한다. 우리는 그런 비겁한 행위가 통하는 사람과 통하지 않는 사람을 잘 알고 있다.

그러나 이런 행동은 최악이다. 이것은 신경의 문제라고 하기보다는 단순히 비겁한 것에 불과하다. 그런 근간에는 비열한 이기주의적 거만한 성격이 잠재되어 있다. 이런 성격의 사람만큼 싫은 것도 없다. 이러한 성격은 다른 모든 장점까지도 상쇄시켜버린다.

화, 폭발은 순간이지만
잃어버린 것은 다시 돌아오지 않는다

화를 폭발하는 순간 잃는 것이 무엇인지 알겠는가? 제일 먼저 자존심이다. 화가 났을 때는 자신의 싫은 점을 느끼지 못하지만, 시간이 지나면 후회를 하게 된다. 그다음으로 평판, 명성, 그리고 마음의 평정심과 냉정함이다. 고객을 잃거나 친구와 멀어지는 경우도 있다. 희망이 무너지고 성공이 손에 닿지 않는 곳으로 멀어질지도 모른다.

화를 내기 전에 잠시 자신의 모습이 친구와 동료들의 눈에 어떻게 비칠지 생각해 보기 바란다. 화가 난 잠깐 당신은 완전히 다른 사람이 되어 버린다. 돌이킬 수 없는 말을 내뱉는다는 사실을 염두에 두기 바란다.

그런 행동을 하면 무슨 득이 되겠는가? 웃음거리가 되고 감추고 싶었던 내면의 야만성을 사람들에게 보여주는 꼴이다. 그게 당신에게 무슨 도움이 되겠는가? 오랫동안 사람들이 당신에게 가졌던 좋은 인상을 완전히 망치고 싶은 것인가?

시험 삼아 화가 나서 당신의 야만성이 고개를 들면 거울에 비친 당신의 모습을 확인해 보라. 아마도 그 얼굴에 놀라 이렇게 생각할 것이다.

"두 번 다시 실수하지 않겠어. 자존심이 있는데 이런 야만적인 모습을 남들에게 보여서는 안 돼. 이게 내 모습이라니 믿을 수 없어. 이성을 되찾아 무조건 참아야 해. 다시는 이런 바보짓은 하지 않을 거야."

또한, 화가 나서 이성을 잃을 때마다 화 이외의 다른 악감정들도 함께 폭발한다는 것을 느낀 적이 있는가? 화가 치밀 때마다, 혹은 복수를 하려고 마음먹을 때마다 머릿속을 가득 채우는 증오와 질투가 마치 무선으로 교신하고 있는 상태와 같다.

심한 분노에 사로잡혀 있는 것이 자살과 같은 행위인 경우도 적지 않다. 무표정에 가까운 온화한 얼굴이 분노가 극에 달해 갑자기 마귀와 같은 모습으로 변하는 것을 보면 격정의 힘이 얼마나 무서운 것인가를 깨닫게 된다. 자제심을 잃었을 때는 제정신이 아닌 경우가 대부분이지만 이 사실을 알고 있는 사람은 많지 않다.

자제심을 잃었을 때는 마음의 균형이 깨졌을 때이다. 착하고 평판이 좋은 사람이 분노가 극에 달해 죄를 저지른 사례는 열거하기가 힘들 정도이다.

누군가에게 모욕을 당했을 때 상대에게도 똑같은 기분을 느끼게 하고 싶다고 얼마나 간절히 바랐던가? 그것으로 빚을 갚아 주었다는 생각을 하면 얼마나 기분이 좋은가? 그러나 이러한 행동은 훗날 값비싼 대가를 치르게 된다. 화풀이하고 나서 '그런 소릴 하지 않았으면 좋았을걸.' 하고 후회하게 될 것이다. 그리고 그것은 두 번 다시 돌이킬 수가 없다.

화가 났을 당시의 마음은 결코 본인의 진심이 아니면서도 어째서 '같은 기분'을 맛보게 해줄 수 있겠는가? 마음은 이미 화라는 악마의 손아귀에 들어가 버렸다. 상대에게 똑같은 기분을 느끼게 해주는 것보다 자신의 마음을 가라앉히는 것이 우선이다.

화가 나 있을 때는 몸의 모든 기능에 이상이 생겨 몸 이곳저곳이 정상이 아니라는 사실을 알고 있는가? 또한, 화는 노화를 촉진해 나쁜 인상을 심어준다. 대담해지려 하고 고결해지려고 하는 모든 노력이 수포로 돌아가고 인간을 동물의 수준으로 끌어내리려 한다.

불안과 공포는 몸의 모든 작용을 방해하지만, 화는 전신의 모든 세포에 커다란 위해를 끼친다. 분노가 극에 달했을 때 전신이 부들부들 떨리는 것을 느낀 적이 있을 것이다. 그 때문에 얼마나 많은 에너지를 잃고, 얼마나 정신적으로 손해를 입었는지를 생각해 보기 바란다. 그런 것 때문에 심신의 에너지를 낭비할 여유가 당신에게 정말로 있단 말인가?

어떤 일이 상상을 초월한 결과로 이어질 수 있다는 것은 인간 세상의 불가사의한 일 중에 하나다. 예를 들어 화가 나서 말실수를 했거나 가시 돋친 말 때문에 소중한 우정이 영원히 깨지는 경우도 있다. 화가 폭발하는 것은 순간이지만 잃어버린 생명은 두 번 다시 돌아오지 않는다.

얼마나 많은 착한 사람들이 순간의 경솔함 때문에 지옥의 고통을 맛봐야 했는가, 얼마나 많은 사람이 분노에 사로잡혀 아무런 생각도 하지 않고 서류에 서명해서 가난하고 초라한 삶을 보내고 있단 말인가!

성마른 자들의 비극! 그로 인해 어떤 범죄, 어떤 고통이 생겨났단 말인가!

병, 불행, 실패로부터 자신을 지키는 방법

쉽게 화를 내는 사람은 모든 사람이 멀리한다. 자기 자신조차 관리가 되지 않는 사람이 남을 관리하는 것은 불가능하다고 생각하기 때문에 중요한 지위에 오를 수가 없다.

화가 났을 때 당신은 바라보고 있는 모두를 향해 전부 다 자신의 마음을 드러내고 있다. 그리고 그런 상태는 조금씩 길어지는 경향이 있다. 이것을 당신은 깨닫고 있는가? 순식간에 얼굴이 15살이나 늙어 보이는 경우가 있다면, 그런 무서운 힘이 에너지를 얼마나 낭비하는지를 생각해 보기 바란다. 그리고 화가 날 때마다 늙어 보이는 자신의 모습을 마음속에 새기고 살아가는 방법을 터득하기 바란다.

마음이 온화할 때, 따뜻하고 너그러운 마음으로 있을 때의 모습을 거울에 비춰보면 좋을 것이다. 차원이 낮은 감정에 현혹되었을 때보다 10살 이상 젊어 보인다는 것을 느낄 수 있을 것이다.

악의로 가득한 사고와 자신도 억제할 수 없는 격한 감정 때문에 상처를 받아 일그러지고 추한 주름이 새겨진 자신의 얼굴을 보면 반드시 깨닫게 될 것이다. 50살의 사람에게 20살 때의 사진과 세월의 풍파를 거치고 폭풍우와 같은 격정과 질투와 증오, 이기심이 가진 파괴적인 힘으로 일그러진 사진을 비교해 보면 좋을 것이다. 두 장의 사진이 모두 본인이라는 것을 알 수 있을까?

사고와 감정에 그런 위력이 있다고 믿지 못하는 사람도 있다. 그러나 잘못된 사고와 감정이 불러일으키는 위험한 혼란을 직접 목격한다면 쉽게 이해할 수 있을 것이다. 악의적이고 부정적인 감정 때문에 뇌의 구조까지 변해버리는 것이다.

혈액과 뇌세포, 몸속의 모든 조직에 해로운 물질이 퍼진다. 그리고 얼굴의 인상까지 나쁘게 하여 서서히 모습이 변해간다. 나는 심한 질투 때문에 고작 해도 두세 달 만에 10살이나 늙어버린 여성을 알고 있다.

격하게 화를 낸 뒤에는 심한 피로감이 몰려오는데, 이 피로는 무수한 뇌세포와 신경세포를 파괴하는 엄청난 충격으로 인해 막대한 정신적 에너지가 손상되기 때문에 발생한다. 그 때문에 성마르고 욱하는 성격의 사람은 남들보다 빨리 노화가 진행되어 동맥에 진흙과 같은 침전물이 쌓이면서 굳기 때문에 언제 터질지 모르는 위험에 노출되어 있다.

건강이란 몸의 조화로움을 말한다. 그리고 몸과 마음은 사실상 하나이기 때문에 마음의 조화가 없이는 몸의 조화 또한 불가능하다. 마음은 뇌 속에만 있는 것이 아니다. 우리는 전신으로 사고하고 있다. 그러므로 몸의 어느 한 부분에 이상이 생기면 다른 부분까지 모두 이상이 생겨 몸속의 모든 세포가 융화력이 약해진다.

우리는 원래 신경을 쓰지 않아도 될 사소한 것에 자주 발목을 잡혀 능력을 충분히 발휘하지 못하고 있다. 뿐만 아니라 건강과 마음의 평온을 빼앗기는 심각한 타격을 받고 있다. 인색한 생각, 악의적인 생각, 혹은 질투는 그 예에 해당한다. 자신보다 성공한 사람에 대한 질투와 같은 것은 모두 창조와 건설을 위해 사용해야 할 우리의 귀중한 에너지와 정신력을 빼앗아 간다.

한 작가는 이렇게 말하고 있다.

"인생은 자신이 한 만큼 돌아온다는 원칙이 있다. 그러므로 자신의 행동에 따라 그에 상응한 대가가 결정되는 것이다."

또한, '자신이 뿌린 씨는 자신이 거둔다.' 라고 하는 속담은 농사일뿐만이 아니라 우리의 행동 모두에 해당하는 것이다.

우리가 생각하고 느끼는 모든 것에는 무언가를 창조해 낼 수 있는 위대한 힘이 있음과 동시에 엄청난 파괴력도 있다. 우리의 마음속에 자리하고 있는 파괴적인 생각, 타인에 대한 악의적인 생각, 누군가의 탓으로 돌리려는 마음의 상처, 이러한 것 모두가 자신에게로 돌아오는 부메랑이 된다.

창조적인 힘을 모두 타인에 대한 증오로 쓸 수도 있고 차분함을 유지하여 더 나은 자신을 위해 쓸 수도 있다. 자제심을 기르기 위해 노력한다면 모든 것이 마음먹은 대로 진행되어 자신도 깜짝 놀라게 될 것이다.

병과 불행, 실패로부터 자신을 지키기 위해서는 올바른 자세로 인생을 대할 것, 다시 말해 심신을 치유하고 활력을 불어넣어 줄 사고방식을 하는 것이다. 기쁨과 애정이 넘치고 감사와 성실함에 근거한 사고방식, 관용으로 자기중심적이지 않은 유익한 사고방식을 하는 것이다.

한 동남아시아의 철학자가 이런 말을 하였다.

"우리는 동료와 친구를 의심의 눈초리로 바라봐서는 안 된다. 흠을 들추거나 말다툼, 비난을 멈추고 넓은 아량으로 상대를 받아들여 어째서 상대가 그런 행위를 하게 되었는지에 대하여 그 동기를 정확하게 꿰뚫어 보아야 한다.

그리고 상대의 의견, 방법, 행동이 자신과 반대될 경우에도 개인의 권리와 자유를 인정하여 그것을 받아들여야 한다. 그러면 우리는 항상 변치 않는 애정으로 상대를 사랑할 수 있게 된다. 이러한 애정은 사람의 마음을 크고 넓게 만들어 결국 서로를 갈라놓는 것이 아니라 포용할 수 있게 된다."

마음을 단련시키면
'긍정'이라는 근육이 생긴다

"나는 신경질적이라 자신도 억제가 안 될 정도야." "신경 때문에 조심해야 해."

이런 말을 자주 듣는다.

그러나 이것은 앞뒤가 뒤바뀐 터무니없는 이야기다. 몸에 신경조직이 있는 것은 마음의 명령을 실행하기 위한 사실을 모르고 하는 말이다. 마음을 최상의 상태로 유지하고 있으면 신경도 마찬가지로 최상의 상태를 유지할 것이다.

한 무명의 저술가가 다음과 같은 글을 적었다.

"마음이 신경을 조종하고 있다. 그러므로 마음의 평정을 유지한다면 신경은 우리에게 휴식과 안식을 가져다줄 것이다. 그러기 위해서 우리는 신경을 보호하고, 충분한 영양을 주고, 밝은 사고방식을 지니고, 인생은 살 만한 가치가 있고 삶이란 훌륭한 것이라는 사실을 가르쳐 주어야 한다. 신경에는 신이 선물한 신선한 공기와 햇빛이 필요하다. 신경질적인 사람이라도 일광욕을 즐기면 상태가 호전되는 경우가 많다. 맛있는 음식을 잔뜩 먹고 밤을 새운다면 신경의 상태는 좋아지지 않는다. 무엇이든 적당한 것이 중요하며 가장 중요한 것은 밝고 쾌활하게 사는 것이다.

강인한 의지의 힘이 있다면 신경을 제대로 조종할 수 있다. 사소한 기분전환도 신경에 활력을 줄 수 있다. 초조할 때는 하루 정도 휴식을 취하자. 산으로 가서 발길 닿는 대로 충분히 걸을 수 있다면 두 말 할 나위가 없겠지만 그럴 수 없다면 새 친구를 사귀거나 아이쇼핑을 하는 것도 좋다. 걱정거리에서 해방될 수 있다면 무엇이든 좋다. 어두운 자신과 작별하고 하루라도 웃는 얼굴로 있자. 이것은 신경에 효과적인 특효약이지만 공짜로 구할 수 있고 병에 들어 있지도 않다.

온화한 마음으로 살기 위해서는 강한 의지가 필요하며 이것은 누구나 가질 수 있다. 몇 주, 아니 몇 년이 걸릴지 모르나 단호한 의지와 자제심이 있다면 언젠가 몸에 배게 될 것이다.

또한, 만족감도 신경에 활력을 불어넣어 주는 데 큰 도움이 된다. 많은 사람이 어떤 이유로 초조해 하며 모든 것, 모든 사람 때문에 마음을 졸이고 있다. 눈에 보이는 것은 뭐든 다 갖고 싶어서 신경을 흥분시키고 있다. 결국, 만족할 줄 아는 것이 행복의 최고 경지인 셈이다."

끙끙거리며 앓지 말자. 초조해 하지 말자. 자신이 바라는 건강한 모습을 연상하고 그에 따라 건강해지는 몸을 지켜보자. 행복, 신경의 고양,

풍요로운 삶만을 생각하자. 이 모든 것이 건강에 직접 영향을 끼친다.

예를 들어 '가난이 무섭다.'라고 하는 공포가 마음을 지배한다면 머릿속에는 언제까지나 그 생각뿐이고, 언제까지나 가난해지는 것이 아닐까 하는 불안에 떨고 있다면 마음이 점점 그쪽으로 기울어져 실제로 가난으로 향하게 된다.

건강에 대해서도 마찬가지이다. 병에 걸렸을 때나 몸이 허약해졌을 때의 모습을 이리저리 상상하는 대신에 건강에 대해 이상적인 이미지를 확실하게 그리고 건강한 몸, 신이 우리에게 바라는 이상적인 몸을 마음 속에 확실히 각인시켜 둔다면 그것이 실제로 완벽한 몸을 만들어 준다.

반대로 끊임없이 병에 걸린 모습만 상상하거나 병을 두려워하고 있으면 그로 인해 병약해진다. 당신의 마음속에는 항상 훌륭한 이상을 품고 있어야 한다.

슬픔을 내버려 두는 것은
가장 어리석은 짓이다

"병에 걸리면 누구나 비겁해진다." 라고 말하는 것이 칼라일의 입버릇이었다. 건강 상태가 좋지 않을 때 평상심을 유지할 수 있는 사람은 거의 없다. 병에 걸리면 어쩔 수 없이 기백을 잃게 된다. 그리고 미래에 대한 희망과 기대를 품을 수 있을지는 바로 이 기백에 달려 있다.

병에 걸리면 망상에 사로잡히기 쉽다. 암시에 걸리기 쉬워져 실제보다 훨씬 위험하다고 착각하거나 최악의 경우를 두려워하는 경우가 많아진다.

내가 알고 있는 한 남성은 심한 독감에 걸릴 때마다 폐렴에 걸렸다고 착각한다. 심한 소화불량으로 조금이라도 열이 나면 "아마 중병일 거야. 어쩌면 장티푸스일지도 몰라."라고 생각한다. 그 부인의 말에 의하면 남편은 몸이 안 좋을 때마다 '죽을지도 모른다.'고 생각한다고 한다. 이 남성에게서는 기백을 전혀 느낄 수 없다. 희망은 바람 앞에 등불이다.

그의 부인은 이렇게 말했다.

"남편을 간호하는 건 정말 힘들어요. 남편이 마치 희망을 버린 것 같았어요."

그는 자신을 격려하는 방법을 전혀 모르는 것 같았다.

이런 사람에게 가장 효과가 좋은 것은 약이 아니라 격려와 즐거운 놀이이다. 병이 든 소중한 가족이나 친구를 문병하러 갔을 때, 그것도 병환이 깊을 때 환자 앞에서 무거운 얼굴을 하거나 눈물을 흘리는 사람이 있지만, 그것이 환자에게 어떤 영향을 끼치는지를 아는 사람이 거의 없다.

본인은 환자를 배려하는 마음이었겠지만 실제로는 그렇지 않다. 환자를 절망의 늪에서 건져내 주는 대신에 더욱 깊게 빠뜨리는 것이다. 환자가 마음의 짐을 이겨내려고 하는 것을 방해하고 있을 뿐이다.

아이가 위험한 상태에 있을 때 슬픔에 잠긴 채 눈물만 흘리는 어머니는 정작 아이에게 필요한 것이 위기를 극복하기 위해 최대한 저항력을 발휘하는 것이라는 사실을 모르는 것이다. 어머니가 슬퍼하는 것은 아이의 위험을 더해준다는 사실을 깨닫지는 못하고 있다. 설령 아이가 거의 의식이 없는 상태라도 어머니의 슬픔은 아이의 기력을 빼앗아 병에 대한 저항력을 약화하고 만다.

이렇게 슬픔에 잠겨 있는 것이 얼마나 어리석은 것인지 보여주는 사례가 있다. 한 소년이 수영하다가 쥐가 났을 때의 일이다. 강가에 있던 친구는 소년이 물속에서 허우적대는 모습을 보고 깜짝 놀라 소리쳤다. 그러나 허우적대던 소년은 전에도 똑같은 일이 있었기 때문에 차분하게 대답했다.

"들어와서 나를 끌고 가줘."

이 말을 들은 친구는 정신을 차리고 소년을 강가로 끌어냈다. 그러자 소년이 말했다.

"야, 도움이 필요한 거 아니냐?"

"아니, 이제 됐어."

분명히 더는 소릴 칠 필요가 없어졌다. 친구의 병환 때문에 소동을 피우는 사람은 자신이 병이 들었을 때도 끙끙 앓을 것이다. 그리고 그 결과 또 한가지 지병을 늘리게 된다.

마음가짐은 몸의 기능에 큰 영향을 끼친다. 그것은 병이 들었을 때나 건강할 때나 마찬가지다. 몸에 드러나는 마음의 영향은 마음의 변화를 나타내는 척도와 같아 시시각각 변한다. 일이 잘 풀리지 않아 책임감을 느끼게 되면 마음이 무거워지지만, 그 기분은 몸속의 모든 세포 변화로 나타난다. 식욕이 떨어지면서 소화 흡수가 잘 안 되어 세포의 생명력과 조직의 질이 저하된다.

완벽하게 건강하다고 하는 것은 마음의 조화가 온전하게 유지되고 있다는 뜻이며 인간이라는 기계가 정상적으로 작동하고 있다는 것을 의미한다.

하루의 업무 실적이 오르지 않으면 굴욕적인 생각이 든다. 인간이라는 기계는 원래 완벽한 일, 정확하고 꼼꼼한 일을 하게 되어있기 때문에 실망을 하는 것이 당연하다. 자신에게 만족하는 것, 그리고 자신의 의욕과 노력의 결과에 만족하는 것은 건강을 위해 중요한 요소가 된다.

이상을 높이 갖고 그 목표를 향해 살자. 그러기 위해서는 매일 아침,

나는 이렇게 될 것이라고 다짐해야 한다.

"오늘도 몸 구석구석까지 최상이다. 운명도 건강도 내가 원하는 대로
다. 나는 나날이 성장하고 나날이 더 나은 일을 할 것이다."

이 말을 일할 때의 신조에 더하고 좋은 결과가 나오기를 기다리자.

'희망'은 성공의 씨앗, '낙관'은 성공의 벗

　　남들보다 신경질적인 사람은 대부분 '나는 원래 신경이 날카롭다.' '신경질적인 성격은 어쩔 수 없어.'라고 생각한다. 물론 본인이 어쩔 수 없다고 생각할 때는 달리 방법이 없다.

　　이런 사람은 항상 뭔가 큰일이 자신은 물론 사랑하는 사람에게 일어나는 것이 아닐지 걱정하고 있다. 실제로 무언가를 두려워하며 끙끙 앓는 것이 신경질적인 사람의 특징이다. 그러나 이 '두려움'이나 '끙끙 앓는 것'이라는 인류의 최대 적은 신경질적이기 때문에 나타나는 것이 아니다. 이 적들이 있기 때문에 신경질적이 되는 것이다. 어쩌면 이 두 가지 악령이 원인이 되어 일어나는 신경쇠약은 다른 원인에 의한 신경쇠약을 모두 합친 것보다도 많을지도 모른다.

　　오스틴. F. 릭스 박사는 이렇게 말했다.

"끙끙 앓는 것은 신경과민의 가장 좋은 친구이자 유능함의 최대 적이다. 그것은 불안이라는 축 주변을 생각이 아무 이유 없이 빙빙 돌고 있다."

그러나 허무하게도 그들이 끙끙 앓으면서 걱정하는 일은 절대로 일어나지 않는다. 그런데도 이제 곧 일어날 것이라며 두려워하고 있다. 더군다나 그 괴로움이나 끊임없는 마음의 동요는 이만저만한 것이 아니다. 그 모습은 일어나지도 않은 일을 걱정하면서 삶 대부분을 허비했다고 고백하는 할머니와 같다.

우리는 행복한 기분으로 살기 위해 올바른 방법은 쳐다보지도 않은 채 잘못된 방법들만 모두 시험하는 어리석음을 저지르고 있다. 온갖 약을 시험해 보고, 차나 커피, 위스키, 마약 등과 같은 것으로 속이려 한다.

그러나 정말로 필요한 것은 영양가 있는 음식을 먹고, 규칙적인 생활을 하고, 사고방식을 고치고, 인생에 대해 올바른 마음가짐을 익혀 충분한 영양을 섭취와 기분전환을 하는 것이다.

아침에 일어났을 때부터 기분이 언짢고 아무런 이유도 없이 온종일 짜증만 내고 있다면 어딘가 이상이 생긴 것이 틀림없다. 원인은 아마도 정신적일 것이다. 가족이나 일 때문에 고민이 있거나, 혹은 쓸데없는 근심을 하고 있을지도 모른다. 원인이 무엇이든 간에 그것을 찾아내서 제거해야만 한다. 끙끙 앓고만 있어서는 그날 하루의 일을 제대로 처리할 수 없다.

또 한가지 무시할 수 없는 이런 사실도 있다. 끙끙 앓게 되면 불행을 초래하고 만다. 무언가를 간절히 원하며 그것이 언젠가 당신의 손에 들어올 것이라고 믿으면 그것은 당연히 당신에게로 다가오겠지만, 그와 마찬가지로 끊임없이 신경이 쓰이는 것이나 두려워하고 있던 것도 당신을 향해 다가온다.

바라지 않는 것을 마음속으로 생각해서는 안 된다. 털어버리고 싶은 것을 구체적으로 연상해서는 안 된다. 그런 존재를 인정해서는 안 된다. 존재를 인정하고 마음속으로 이미지를 연상함으로써 그것이 당신에게 실제로 일어나기 쉽게 만든다. 병에 걸리고 싶지 않다면 병에 걸렸을 때를 생각해서는 안 된다. 그런 상상을 이어가서는 안 된다. 그런 것은 마음속에서 모두 쫓아버려라.

사고는 실존하는 것이다. 당신과 닮은 열매를 맺게 하는 씨앗이다. 기쁨으로 가득한 사고는 슬픔을 만들어내지 않고, 건강을 믿는 사고는 병을 만들어내지 않는다.

무슨 일이든 끙끙 앓는 사람은 다음과 같은 계시를 항상 염두에 두면 좋을 것이다.

"어쩔 수 없는 일 때문에 고민해도 소용이 없다. 어떻게든 되는 일은 고민을 해도 도움이 되지 않는다."

다시 말해 끙끙 앓는 것은 헛수고이다. 아니, 몸에도 마음에도 좋지 않다. 식욕이 없어지지나 위가 더부룩해져 잠을 잘 수 없게 된다. 화가 났을 때와 마찬가지로 건강한 체액을 해로운 것으로 바꿔버린다. 끙끙 앓다 죽는 사람이 과로로 죽는 사람보다 더 많을 정도다.

큰 병도 아닌데 죽을지도 모른다는 착각이 공포로 이어지는 경우가 있는데, 그런 식으로 아무 득도 되지 않는 비관적인 사고방식을 가지고 있으면 건강의 적에게 빈틈을 주는 것이 된다.

좀 더 진취적이고 건설적으로 생각하고, 희망을 잃지 말고, 건전하고 낙관적으로 모든 것을 받아들이는 태도를 익힌다면 몸의 상태가 좋아져 건강해질 수 있다. 다시 말해 사고란 그 내용에 따라 건강할지 병에 걸릴지를 결정하는 씨앗이다.

대부분의 사람이 잡초 씨앗만을 뿌리고 있다. 그리고 어째서 우리 정원은 이웃집처럼 아름답지 않고 잡초만 자라는 것일까 하며 고개를 갸우뚱거린다. 그러나 이웃집에서는 건전하고 멋지고 마음에 드는 사고의 씨앗을 뿌리기 위해 주의를 기울이고 있다.

Making Friends With Our Nerves

당신의 등을 밀어주는 것은 '의지' 이다

마음의 건강을 생각하기 전에 먼저 몸을 최상의 상태로 유지해야 한다. 그리고 죄의 유혹과 싸우는 것과 마찬가지로 마음을 어지럽히는 사고나 감정과 싸워야 한다. 앞에서도 말했듯이 동요, 불안, 근심, 질투, 증오만큼 몸에 나쁜 것이 없다. 혈액의 기능이 떨어지고 소화 기능에 이상이 생기는 것은 물론이고 실제로 뇌세포와 모든 분비물 속에서 화학반응이 일어나기 때문에 온갖 이상을 유발하고 촉진한다.

이성을 잃을 정도의 격한 감정은 몸과 마음에 심한 상처를 남긴다. 동요로 인해 일이 손에 잡히지 않아 갑자기 늙어버리고 만다. 하지만 반대로 애정과 너그러움, 밝음, 평온함, 아름다운 것과 웅장한 것을 사랑하는 마음을 가지면 몸과 마음이 모두 치유된다.

언젠가 우리도 악의로 가득한 생각이나 행동으로 육체에 상처를 입히고 인생의 절반을 고통 속에서 살아야 하는 일이 사라지게 될 것이다. 자신의 한심한 모습을 한탄하고 몸이 안 좋다고 우울해 하면 건강해질 수

243

도 없고 활력도 넘치지 않는다는 사실을 깨닫자. 그리고 활기차고 튼튼한 건강한 자신의 모습을 항상 떠올리며 병든 모습이 아니라 건강한 당신의 모습이야말로 변하지 않는 진실 된 모습이라 믿음으로써 건강해질 수 있다는 것을 깨닫게 될 것이다.

더 나은 삶을 살기 위한 요령, 힘을 얻기 위한 요령은 에너지를 만들어내는 방법을 아는 것이다. 대부분의 사람이 에너지의 원천이 음식이라고 생각하지만 정작 에너지의 원천은 마음이다. 마음먹기에 따라 발생하는 에너지의 양이 많이 달라진다.

사물에 대해 올바른 견해만 있다면 에너지를 창출해낼 능력은 비약적으로 늘어난다. 사물에 대해 그릇된 견해는 그 능력을 절대로 발휘할 수 없다. 두려움과 불안, 질투와 증오, 악의를 느끼고 있을 때는 창조적인 힘이 저하한다는 것은 이미 알고 있는 그대로이다.

나는 어째서 성공을 하지 못하는 걸까? 당신은 그 이유를 모른 채 시종일관 초조해 하며 고민에 빠져 있을지도 모른다. 그러나 그로 인해 귀중한 에너지를 얼마나 많이 낭비하고 있는 걸까? 그 에너지를 일하는데 쏟으면 놓쳤다고 여겼던 것을 손에 넣는 데 얼마나 많은 도움이 될까?

당신은 그런 사실을 알고 있는가?

앞으로도 포기하지 않고 성공을 추구할 생각이라면 신경의 에너지, 다시 말해 기력을 쓸데없는 곳에 낭비하는 것을 주의해야 한다. 주의 깊게 점검해 보면 자신의 힘, 지금까지 스스로 깨닫지 못했던 가능성이 이리저리로 새나가고 있다는 사실을 깨닫고 깜짝 놀랄 것이다.

이유야 어쨌든 항상 기분이 날카로워 있으면 기력이 급격히 쇠락한다는 것을 당신은 이미 깨닫고 있을 것이다.

끙끙 앓을 때마다, 걱정하며 마음을 졸을 때마다 신경은 조금씩 힘을 잃어간다. 불안의 그림자가 마음을 스칠 때마다 신경의 힘이 소모된다. 분노와 질투, 고집을 부릴 때마다 수많은 가능성이 잠재된 생명이 가진 힘인 기력이 버려지고 있다.

행복하지 않다는 것은 신경의 힘이 다른 곳으로 낭비되고 있다는 것을 의미한다. 화를 잘 내고, 욱하는 성질에 침착하지 못하고, 초조해 하는 등의 신경성 증상은 모두 신경의 힘이 다른 곳으로 새나가고 있다는 증거이다. 게다가 이렇게 새나간 힘은 귀중한 에너지기 때문에 성공을 손에 넣기 위해서는 조금이라도 허투루 쓸 수 없다. 그냥 지나칠 수가 없는 것이다.

나무를 자르지 않을 때, 제재소의 주인은 기계를 멈춘다. 그런데 많은 사람이 자신이라는 기계를 결코 멈추려 하지 않는다. 그리고 왜 초조해 하는 건지, 어째서 항상 피곤한 건지, 잠을 자는 동안에도 피곤한 것은 왜인지 의아해 한다.

초조함과 피로감 때문에 고민하고 있는 것도 어리석은 일이지만 그 원인이 무엇인지 고민하는 것도 어리석은 짓이다. 왜냐하면, 둘 다 기력의 낭비임에는 변함이 없기 때문이다.

그렇게 해서 손해를 보지 않았는가? 뭔가 득이 되는 것이 있었는가? 기력은 일을 하는 데 있어서 대단히 중요한 것이며 인생을 꾸리며 살아가기 위해서도 대단히 중요한 것이다. 이 귀중한 것이 사라지게 하는 자신이 안타깝게 느껴지지 않는가?

불안과 걱정거리 등, 마음의 짐을 짊어진 채로 업무를 하는 것은 위험하다. 무언가 문제를 품은 채 어지러운 마음으로 일해서는 안 된다. 잘못되면 어떻게 할까 불안해할 때는 더더욱 그렇다.

당신의 문제는 남들보다 두세 배 더 노력하지 못해서 두각을 나타낼 수 없다는 것이다. 당신의 의지가 결실을 볼 수 있을지는 심신의 건강을 유지할 수 있는가에 달려 있다. 몸 상태가 좋지 않다는 것은 몸의 어딘가 신경의 힘이 새나가고 있다는 것을 의미하고, 기력이 없다는 것은 마음 어딘가에 신경의 힘이 새나갈 틈이 생겼다는 뜻이다.

최근까지 공포와 걱정, 분노, 우울함과 같은 심리적 문제와 정신적 질환에 대해서는 뾰족한 치료법이 없었다. 의사들은 그러한 문제와 질환이 신경의 이상과 깊은 연관이 있다는 사실을 깨닫지 못했기 때문에 그 치료법을 몰랐다. 그들은 환자의 육체만을 치료했다. 모든 병은 그렇게 치료하는 것으로 생각했기 때문이다.

그러나 마음가짐이 육체에 큰 영향을 끼친다는 사실을 알고부터는 상황이 완전히 달라졌다. 마음을 집중적으로 치료하는 방법이 많이 이루어지면서 좋은 성과를 거두게 되었다. 무엇보다 바람직한 것은 이 치료가 양식적이고 간단한 것이라는 점이다. 모든 것을 긍정적이고 건설적으로 받아들이면 아무런 결실도 없는 소극적인 생각을 하지 않게 된다는 사실만 깨달으면 되는 것이다.

마음에 문제가 있어 고통스러워하는 수많은 사람의 건강과 행복은 이

귀중한 진실 속에 있다. 이 사실을 깨닫게 된다면 누구나 건강과 행복을
자신의 것으로 만들어 영원히 무언가를 두려워하거나 끙끙 앓지 않아도
될 것이다.

내 삶을 바꾸는 비밀, 하루

2014년 11월 5일 1판 1쇄 인쇄
2014년 12월 10일 1판 3쇄 펴냄

지은이 ㅣ 오리슨. S.마든
옮긴이 ㅣ 김연희
기   획 ㅣ 김민호
발행인 ㅣ 김정재

펴낸곳 ㅣ 뜻이있는사람들
등록 ㅣ 제 2014-000229호
주소 ㅣ 서울 마포구 독막로 10(합정동) 성지빌딩 616호.
전화 ㅣ (02) 3141-6147
팩스 ㅣ (02) 3141-6148
이메일 ㅣ raraeyearim@naver.com

ISBN 978 –89 –90629-24-1 03320